主 编 齐 芳 溥存富
副主编 慕 玮 郭瑞英 和 颖 贺 添

职业院校学生实习成长手册

中国轻工业出版社

图书在版编目（CIP）数据

职业院校学生实习成长手册/齐芳，溥存富主编．—北京：中国轻工业出版社，2021.6

ISBN 978-7-5184-3451-0

Ⅰ.①职… Ⅱ.①齐…②溥… Ⅲ.①教育实习—高等职业学校—教学参考资料 Ⅳ.①G718.5

中国版本图书馆 CIP 数据核字（2021）第 058386 号

责任编辑：张文佳　韩　泽　　责任终审：高惠京　　封面设计：锋尚设计
版式设计：砚祥志远　　责任校对：吴大朋　　责任监印：张　可

出版发行：中国轻工业出版社（北京东长安街 6 号，邮编：100740）
印　　刷：三河市万龙印装有限公司
经　　销：各地新华书店
版　　次：2021 年 6 月第 1 版第 1 次印刷
开　　本：710×1000　1/16　印张：5.5
字　　数：100 千字
书　　号：ISBN 978-7-5184-3451-0　　定价：25.00 元
邮购电话：010-65241695
发行电话：010-85119835　传真：85113293
网　　址：http://www.chlip.com.cn
Email：club@chlip.com.cn
如发现图书残缺请与我社邮购联系调换
200310J2X101ZBW

前　言

PREFACE

亲爱的同学们，实习是职业教育的实践教育环节，面临即将到来的实习生活，你身心和知识上都做好准备了吗？面对实习中的困惑你知道如何处理吗？怎么和生产线线长及组长建立良好关系你知道吗？在工厂请假流程你熟悉吗？在工厂实习，你就是准工人了，你有哪些权益你知道吗？为了让同学们能够顺利度过实习生活，解决在实习中可能会遇到的困难，了解实习中可能出现的突发情况，提升自我保护意识及能力，我们特别编写该手册。请同学们仔细阅读手册，明白实习相关注意事项，了解自己的合法权益。

有的同学现在暂未实习，但终将实习，书中有很多劳动法知识和人际小技巧，可以丰富大家的知识，帮助大家成长。

我们希望通过这本册子，能够让你在实习前对实习工作有所了解并提前做好准备，在实习中能够掌握一些相关生活与工作的知识，顺利完成实习。本手册适合职业学校、企业社会工作服务中心等相关单位与工作人员使用。

本手册编写分工如下：齐芳（重庆城市管理职业学院社会工作研究中心副主任、教授、社会工作硕士、硕士生导师），溥存富（重庆城市管理职业学院民政与社会治理学院教师、社会工作硕士、试验班导师）担任主编；慕玮（重庆城市管理职业学院民政与社会治理学院教师、巴黎第八大学人类学博士、婚姻家庭咨询师），贺添（重庆市婚姻收养登记管理中心管理科社工项目负责人、中级社工师、婚姻家庭咨询师），郭瑞英（重庆兴民社会工作服务中心副主任、中级社工师），和颖（重庆兴民社会工作服务中心财务总监、心理咨询师）担任副主编。具体编写及分工如下：齐芳编写了第一、二、三章；溥存富编写了第四、五、六、七章，附录；慕玮编写了第八、九、十章；郭瑞英编写了第十一、十二、十五章，附录；和颖编写了第十三、十四章，附录。

本手册的编写得到了重庆城市管理职业学院、重庆微电子工业学校、重庆兴民社会工作服务中心、重庆九龙坡区凝聚力社会工作服务中心、重庆南岸区南坪镇绿荫社工服务中心、重庆市婚姻收养登记管理中心的鼎力支持与帮助，特别感谢重庆兴民社会工作服务中心谢丽、郭瑞英、和颖、向春燕、李金等的付出。

书中，我们引用或参考了包括中华人民共和国中央人民政府、中华人民共和国人力资源和社会保障部、中国就业、中国职业技术教育网、中国中等专业学校学生信息网、中华全国妇女联合会、重庆市人力资源和社会保障局、重庆市教育委员会、教育部全国青少年普法网等相关资料，在此，对有关著作或资料的原作者表示最诚挚的谢忱。

由于我们能力和水平有限，手册中难免存在错漏和有不当之处，恳请广大专家、学者、同行和读者批评指正。

编者

目　录

CONTENTS

第一章　从学校向职场过渡

案例分享

今天是轨道19级8班的班主任上的最后一堂班会课，这节课后，同学们将离开教室进入实习期了。班上的同学们有的憧憬着未来实习的生活，有的则欣喜于自己即将自食其力，有的则对未来实习场景充满了担忧……大家的内心里，五味杂陈。

这时候，班主任讲话："亲爱的同学们，俗话说得好，'师傅领进门，修行在个人'，那么实习就是一场离开师傅的个人修行。虽然这里的'离开'并不是真正的离开，老师们还是会陪伴着大家，提供工作与生活上的一些帮助，但是已经无法像学校里那样面面俱到了。这将是一场独自前行的旅程，是我们从校园迈向职场的重要一步，那么这个过渡期我们应该怎样做呢?"

指点迷津

许多刚走出校门的毕业生，都存在着从学校人到职业人角色转变的困惑与迷茫，想要尽快适应职场，首先需要完成5个转变。

（一）从个体到团体的转变

大家还在校园里的时候，主要是以个人的得失成败为中心，那么当我们到了职场后，学校里以自我为中心的模式将不会适合企业，个人的得失成败必须与企业整体的成功结合才有意义。因此，同学们要将重个性发展转变为重企业标准，将凡事衡量个人利益转变为凡事考虑集体利益，将单打独斗转变为团队协作。请牢记，"独人不成将军"，大家要将自己从竞争型人才调整为合作型人才。

（二）从情感人到职业人的转变

当你进入职场后，就不要把自己再当成是一个"宝宝"了。"情绪化"是很多同学的显著特征之一。但是，情绪化的行为与职业人的理性行为不符，在职场中我们应该更注重行业规则。在这里我们要将情感人转变为职业人，将个人好恶转变为敬业精神，将情绪左右转变为职业驱动。学会管理自己的情绪，让自己变得更加理性成熟。

（三）从兴趣导向到责任导向的转变

在校园里，同学们的学习生活，有时可以凭借兴趣来做选择。但是到了职场上，有些事情也许你没有那么感兴趣，但是也要去完成，因为这是一种责任。在义不容辞的职责面前，个人兴趣和喜好是要让步的。同学们要学会将兴趣导向转变为责任导向，将个人利益转变为公司利益，将追求个人喜好转变为追求职业职责。

（四）从思维到行动的转变

实习之所以为“实习”，便是实践学习的意思。同学们只是换了一个学习成长的场所，以便于我们校园所学，能够为职场所用。因此，在职场中的学习，同学们要更偏重于实践。除了理论和思维的训练外，更要学会将其转变到行动和生产上，要将想到就行转变为做了才行。

（五）从个人资源到组织资源的转变

学生以个人导向为主，相应依托个人资源来生存和发展，职业人在组织里当然依托于组织，利用个人资源转变到组织化的资源支持平台。将独立发展变为企业共同发展，将依靠个人变为依附企业。

第二章　我的职业选择

案例分享

美美和小丽是好朋友，她们常常在一起畅想自己的未来。

(上小学时)

美美：小丽，你长大了想当什么？

小丽：我长大了要当科学家。美美，你呢？

美美：我长大了要当发明家，发明自动写作业的机器。

(上初中时)

美美：小丽，你长大了想做什么？

小丽：我长大了想当老师，去山区支教。你呢？

美美：我长大了，想当老板，做生意，挣好多好多的钱。

(上中职时)

美美：小丽，你准备找什么工作？

小丽：看学校怎么安排吧，估计就找专业对口的。你呢？会从事本专业吗？

美美：我不知道，感觉自己不是很喜欢这个专业，我也不知道哪些工作更适合我。

指点迷津

很多同学在毕业面临找实习或者找工作的时候，可能会陷入一种迷茫。我们应该如何选择自己的职业呢？当然，人们通常倾向于选择与自我兴趣类型相匹配的职业环境。如果能够将职业与兴趣相结合，肯定是最好不过的事情，可以很好地发挥个人的潜能。但是找不到与自己兴趣完全对应的职业环境呢？

其实，同学们无须多虑，因为我们是多种兴趣类型的综合体，大多数同学的兴趣类型其实并不显著突出。因此，我们在评价自己的兴趣类型时，可以综合多种类型构成兴趣类型组，去选择适合你这个组别的职业。

再者，因为影响职业选择的因素是多方面的，我们有时不能完全依据自己的兴趣去做选择，有时候还要参照社会的职业需求及获得该种职业的现实可能性。例如，小丽很想当老师，那她还需要获得相应的职业资质，如教师资格证。因此，我们在做职业选择时会不断妥协，选择相邻职业环境、甚至相隔职业环境，在这种环境中，我们需要逐渐适应工作环境。但是，如果我们进入的是与自我兴趣完全不同的职业环境，那么可想而知，工作起来可能难以适应，甚至可能会每天工作得很痛苦。

那么，我们的兴趣类型有哪些呢？

人格类型与职业环境的适配，如表 2-1 所示。

表 2-1　人格类型与职业环境的适配

人格类型	特点及职业类型
现实型 （R）	共同特点：愿意使用工具从事操作性工作，动手能力强，做事手脚灵活，动作协调。偏好于具体任务，不善言辞，做事保守，较为谦虚。缺乏社交能力，通常喜欢独立做事 性格特点：感觉迟钝、不讲究、谦逊的。踏实稳重、诚实可靠 职业建议：喜欢使用工具、机器，需要基本操作技能的工作。要求具备机械方面才能、体力，或从事与物件、机器、工具、运动器材、植物、动物相关的职业有兴趣，并具备相应能力 职业类型：技术性职业（计算机硬件人员、摄影师、制图员、机械装配工），技能性职业（木匠、厨师、技工、修理工、农民、一般劳动）
研究型 （I）	共同特点：思想家而非实干家，抽象思维能力强，求知欲强，肯动脑，善思考，不擅长动手。喜欢独立的和富有创造性的工作。知识渊博，有学识才能，不善于领导他人。考虑问题理性，做事喜欢精确，喜欢逻辑分析和推理，不断探讨未知的领域 性格特点：坚持性强，有韧性，喜欢钻研。为人好奇，独立性强 职业建议：喜欢智力的、抽象的、分析的、独立的定向任务。要求具备智力或分析才能，并将其用于观察、估测、衡量、形成理论、最终解决问题的工作，并具备相应的能力 职业类型：科学研究人员、教师、工程师、电脑编程人员、医生、系统分析员
艺术型 （A）	共同特点：喜欢以各种艺术形式的创作来表现自己的才能，实现自身的价值；具有特殊艺术才能和个性 性格特点：乐于创造新颖的、与众不同的艺术成果，渴望表现自己的个性 职业建议：主要是指各类艺术创作工作。音乐、舞蹈、戏剧等方面的 职业类型：演员、编导、教师；文学、艺术方面的评论员；广播节目的主持人、编辑、作者；绘画、书法、摄影家；艺术、家具、珠宝、房屋装饰等行业的设计师等

续表

人格类型	特点及职业类型
社会型 （S）	共同特点：喜欢与人交往、不断结交新的朋友、善言谈、愿意教导别人。关心社会问题、渴望发挥自己的社会作用。寻求广泛的人际关系，比较看重社会义务和社会道德 性格特点：为人友好、热情、善解人意、乐于助人 职业建议：喜欢要求与人打交道的工作，能够不断结交新的朋友，从事提供信息、启迪、帮助、培训、开发或治疗等事务，并具备相应能力 职业类型：教育工作者（教师、教育行政人员），社会工作者（咨询人员、公关人员）
企业型 （E）	共同特点：追求权力、权威和物质财富，具有领导才能。喜欢竞争、敢冒风险、有雄心、有抱负。为人务实，习惯以利益得失、权力、地位、金钱等来衡量做事的价值，做事有较强的目的性 性格特点：善辩、精力旺盛、独断、乐观、自信、好交际、机敏、有支配愿望 职业建议：喜欢要求具备经营、管理、劝服、监督和领导才能，以实现机构、政治、社会及经济目标的工作，并具备相应的能力 职业类型：项目经理、销售人员、营销管理人员、政府官员、企业领导、法官、律师
传统型 （C）	共同特点：尊重权威和规章制度，喜欢按计划办事，细心、有条理，习惯接受他人的指挥和领导，自己不谋求领导职务。喜欢关注实际和细节情况，通常较为谨慎和保守，缺乏创造性，不喜欢冒险和竞争，富有自我牺牲精神 性格特点：有责任心、依赖性强、高效率、稳重踏实、细致、有耐心 职业建议：喜欢要求注意细节、精确度、有系统有条理，具有记录、归档、据特定要求或程序组织数据和文字信息的职业，并具备相应能力 职业类型：秘书、办公室人员、记事员、会计、行政助理、图书馆管理员、出纳员、打字员、投资分析员

同学们，职业兴趣是我们职业选择中最重要的因素，通过职业兴趣的测验可以帮助我们明确一些主观性的兴趣方向，从而明确更适合自己的职业选择。根据霍兰德的职业兴趣模型，职业兴趣可以影响对所从事职业的满意程度。当同学们所从事的职业与职业兴趣类型匹配时，那么你的潜能就可以得到最大程度的发挥，工作业绩也更加显著。

同学们可以在职业兴趣测试的帮助下，清晰地了解自己的职业兴趣类型和在职业选择中的主观倾向，从而在纷繁的职业机会中找寻到最适合自己的职业，避免职业选择中的盲目行为。尤其是对于职业院校学生和缺乏职业经验的人，霍兰德的职业兴趣模型可以帮助做好职业选择和职业设计，成功地进行职业调整，从整体上认识和发展自己的职业能力。

在本书后有《霍兰德职业兴趣测量表》，感兴趣的同学可以去测一测，找到适合自己的职业选择（附录1）。

第三章 出发前的准备

案例分享

大家好！我叫小玉，是一名90后的小女孩，现在重庆的一所职业学校读书。快放寒假了，班主任告诉我们说要出去实习，这真是件高兴的事，这样我就可以得到更多的锻炼了。不过问题来了，去实习，我们应该准备些什么呢？

我们找到了学校的带队老师，他告诉我们：要带上自己的被子、床单和日常生活用品，最重要的是要带上身份证。

实习出发后，坐上大巴车，来到实习地点曾家，熟悉了环境就开始了我的第一次实习。生产线上，我对什么都充满了好奇，东瞧瞧，西瞅瞅，终于分到自己的岗位，可以勤勤恳恳地工作了。

但是，可能是还不熟悉工作的原因，我的手被机器刮伤了，流出了好多血，组长赶紧带我去厂区里的医务室，做了简单的包扎，就让我回去休息。回到宿舍，感觉血流还是止不住，就问同事，就近哪里有医院，他们告诉我曾家有个卫生院，也可以去大学城重庆医科大学附属医院，坐271路公交车或249路公交车就可以。我想了想，决定去曾家的卫生院。养了一天，我的伤好得差不多了，心想真是出师不利，之后可要小心了，身体是自己的，要学会保护自己。

指点迷津

身份证的重要性：身份证是证明我们合法身份的依据，要随身携带，不能借给别人，也不能抵押给任何人。伪造或者借用他人身份证进厂的，根据法律属于欺诈行为，与用人单位签订的劳动合同没有法律效力，用人单位可以随时和劳动者解除劳动关系且不用支付赔偿金。如果遇到使用假身份证受工伤需要索赔的情况，就只能找工友证明本人与用人单位存在事实劳动关系来补救，不过风险很大。

第四章　与家人保持联系

案例分享

实习一个月后，小军和小玉在工厂外的小饭馆相遇了。小军洋洋得意，看起来十分高兴。

小玉：小军，好久不见，看你这么高兴，是遇到什么好事儿了吗？

小军：小玉，告诉你一个好消息，我爸刚刚又给我打了800元，我又可以出去玩了，你要和我一起吗？

小玉：你不是才发工资吗？你都用完了？怎么让你爸给你打钱啊？

小军：小玉，我告诉你，你不要告诉别人哦，我参加实习没有告诉爸妈，这样他们还是会每个月给我生活费，这样多好，一边拿工资，爸妈一边也在给钱，这样过不了多久我就可以买我想要的那款手机了。

小玉：小军，你这样做是不对的，你实习不告诉父母，万一在厂里发生什么事情你需要他们，他们却找不到你怎么办？你现在都能拿工资了，就不要再让父母给钱了，他们挣钱也不容易。

小军：好像是，我都觉得上班很累。

小玉：那他们肯定也不轻松，况且还有爷爷奶奶需要照顾，家里开销很多，要是他们从别处知道了你在实习，肯定会担心你的。

小军：那好，我立刻给他们打电话，告诉他们我在实习，在这边过得很好，我也不会再向他们要钱了。

小玉：这才是对的，我们一起努力，好好度过实习期。

指点迷津

我们如何与家人保持联系？很多同学会问，为什么要跟家人保持联系呢？如何保持呢？

问题一：为什么要和父母保持联系？

出门在外，我们可能会遇到一些突发事件，这些事件也许会对我们的安全造成影响。大家还记得 2014 年 8 月至 10 月频发的大学生失联事件吗？这就是给我们警醒，和家人保持联系并不意味着事无巨细地向父母报到，而是让你的家人知道你在哪里，做什么事情。当突发事件发生时，家人能够第一时间找到你，给予你帮助，这样危险才可能降到最低。

问题二：怎么保持联系？

①定期电话沟通或网络沟通。

②定期回家看看，与家人保持良好的关系。

问题三：怎么与父母沟通？

①寻找时机。当被父母批评或责骂时，不要着急反驳，寻找适当的时机做沟通，试着平心静气地听完父母的想法，再告诉父母你的想法。

②控制情绪。不要随意发脾气、顶嘴，避免说出伤人心的话或做出伤害人的事。

③合理要求。倾听父母的期望，接受合理的要求，做好自己力所能及的事情。

④及时表达。及时表达自己的想法和感受，让父母了解你的内心。

⑤不要逃避。如果你做得不对，那么不要逃避，不要沉默不理，应主动道歉改正，往往会得到父母的谅解。

⑥善于体谅。可能错不在你，你有很大的委屈，但是不要急着去辩解，也许是父母过于劳累或工作生活中遇到了麻烦，换个时间或者地点再与父母沟通，会有意想不到的效果。

小贴士

电话沟通的时候，请把你的工作地点、工作内容、单位负责人等信息说清楚。

第五章　你的工资你是否会算

案例分享

小军是新员工。一天，小军向老员工王哥请教一些关于工资计算问题，王哥向小军分享了自己计算工资的经验。

小军：你好，王哥，我能请教你一个问题吗？

王哥：好，你说吧！

小军：请问你是怎么计算工资的呢？

王哥：这个很简单的，每天上班8小时，超过的时间为加班，平时加班按照正常工资的1.5倍计算，周末加班按照正常工资的2倍计算，国家法定节假日按照正常工资的3倍计算。然后你再把基本工资和各类加班工资统计起来，扣除住宿费、水电费后就是你的工资。

小军：原来是这样，谢谢王哥。

王哥：没事，小事一桩。

指点迷津

关于基本工资问题，首先要掌握加班费的算法：

①周一至周五，8小时以外加班费为平时工资的1.5倍。

②周末，加班费为平时工资的2倍。

③国家法定节假日，加班费为平时工资的3倍。

【涉及条款】

《中华人民共和国劳动法》第四十四条：有下列情形之一的，用人单位应当按照下列标准支付高于劳动者正常工作时间工资的工资报酬：

- 安排劳动者延长时间的，支付不低于工资的百分之一百五十的工资报酬。
- 休息日安排劳动者工作又不能安排补休的，支付不低于工资的百分之二百的工资报酬。

• 法定休假日安排劳动者工作的，支付不低于工资的百分之三百的工资报酬。

问题一：双休日不加班，可以算我旷工吗？

不可以，双休日是《劳动法》规定劳动者每周的正常休息时间，如果劳动者自愿选择不加班，需要告知厂方，但不需要厂方批准，而且用人单位记作旷工是违法行为。劳动者可以依法向劳动部门投诉，并要求用人单位赔偿因此造成的损失。

问题二：工资怎样计算？

计算公式：

月休息日加班工资＝21.75 天×倍数×加班天数

每小时加班工资＝月工资基数÷21.75%÷8

平时延时加班：150%；周末加班：200%；节假日加班：300%。

计算案例：小张在一家电子厂上班，工资底薪为 1800 元，每周周日休息一天，每天上班 10 小时，全勤奖励 100 元，请问他 2019 年 5 月的工资是多少？

小时工资：

1800÷8÷21.75＝10.34（元）

每天正常加班工资：

10.34×1.5×2＝31.02（元）

每月正常加班工资：

31.02×21.75＝674.69（元）

周末加班：

2×10.34×4×10＝827.20（元）

总工资＝1800＋ 674.69＋827.2＋100＝ 3401.89（元）

重要知识点分享

• 正常工作时间：国家法律规定，在法定工作时间内提供正常劳动所得的工资，即为正常工作时间工资。正常工作时间工资不得低于当地最低工资标准。正常工作时间工资包括基本工资、奖金、津贴、全勤奖等。但是不包括加班工资、伙食补贴和年终奖。

• 法定标准工作时间：《中华人民共和国劳动法》第三十六条规定，国家实行劳动者每日工作时间不超过八小时、平均每周工作时间不超过四十四小时的工时制度。这是因为劳动者有权获得足够时间休息和自我发展。

• 关于加班时间：在劳动者同意的情况下每天可加班一小时，如有特殊情况在保障劳动者身体健康的情况下每天加班不得超过三小时。除非因自然灾害或紧急抢修，否则不应超过加班上限。

【涉及条款】

• 《中华人民共和国劳动法》第四十一条：用人单位由于生产经营需要，经与工会和劳动者协商后可以延长工作时间，一般每日不得超过一小时；因特殊原因需要延长工作时间的在保障劳动者身体健康的条件下延长工作时间每日不得超过三小时，但是每月不得超过三十六小时。

但是，也有额外情况！

• 《中华人民共和国劳动法》第四十二条：有下列情形之一的，延长工作时间不受本法第四十一条规定的限制：

①发生自然灾害、事故或者因其他原因，威胁劳动者生命健康和财产安全，需要紧急处理的。

②生产设备、交通运输线路、公共设施发生故障，影响生产和公众利益，必须及时抢修的。

③法律、行政法规规定的其他情形。

所以同学们，当国家和人民需要你的时候，我们也要积极地投身于劳动创造之中！

• 关于劳动定额：用人单位应当严格执行劳动定额标准，不得强迫或者变相强迫劳动者加班。

• 关于休息日：每周休息两天，在加班情况下，至少每周休息一天。

【涉及条款】

• 《中华人民共和国劳动法》第三十八条：用人单位应当保证劳动者每周至少休息一日。

• 关于工资支付：工资应支付给劳动者本人，学校或老师代收工资都是违法的，用人单位应同时提供工资清单。

【涉及条款】

• 《中华人民共和国劳动法》第五十条：工资应当以货币形式按月支付给劳动者本人。不得克扣或者无故拖欠劳动者的工资。

• 关于“罚款”：根据《中华人民共和国立法法》和《中华人民共和国行政处罚法》规定：对财产的处罚只能由法律、法规和规章设定。罚款属于财产罚范畴，所以此项规定只能由国家立法机关和政府行政部门制定。也就是说，用人单位无权对劳动者实施罚款。但是，如果证明因劳动者原因对用人单位造成损失的，用人单位可按劳动合同的约定从劳动者本人的工资里扣除。但是，扣除的工资不得超过劳动者本人月工资的20%；扣除后的剩余工资不得低于当地最低工资标准，若低于最低工资标准，则按最低工资标准支付。

【涉及条款】

- 《工资支付暂行规定》第十六条：因劳动者本人原因给用人单位造成经济损失的，用人单位可按照劳动合同的约定要求其赔偿经济损失。经济损失的赔偿，可从劳动者本人的工资中扣除。但每月扣除的部分不得超过劳动者当月工资的20%。若扣除后的剩余工资部分低于当地月最低工资标准，则按最低工资标准支付。

第六章　怎么证明我在厂里待过

案例分享

又到一个周末，小军和小玉相约到大学城玩，正好碰到大学生开展普法活动，小军十分感兴趣。

小军：你好，可以向你咨询一个问题吗？

大学生：可以，你请问，我会尽力帮助你。

小军：如果我是通过学校或者中介公司来工厂里实习，那我要如何证明我与工厂的关系呢？

大学生：你可以在厂里收集一些物品作为证据，如工作证、含有工厂公章的文件、通知、处分、决定等，这些物品都可以作为证明。

小军：那我在进入工厂时，与学校或者中介公司签订的合同呢？不能成为证据吗？

大学生：那个合同只是一个劳动派遣的合同，只能证明中介公司将你派遣至某工厂工作，而不能证明你与现在的工厂存在劳动关系。而你在学校里签的协议也不能证明你和厂方的关系。只有你与工厂签订的合同才具有相应的效力。

小军：原来是这样，谢谢你，我明白了。这也就意味着我要在现在工作的地方保存一些资料以备不时之需。

大学生：是的，希望可以帮助到你。

指点迷津

❖证明我和厂里的劳动关系的证据有哪些？

劳动关系方面的证据可证明的内容有：如何证明双方存在劳动关系、何时起双方建立用工关系两方面。劳动关系方面的证据有很多表现形式，并不固定。

根据2005年颁布的《劳动和社会保障部关于确立劳动关系有关事项的通知》相关规定，证明劳动关系方面的证据按证明效力依次排列如下：

①双方签订的劳动合同。

②工资卡、工资存折、单位盖章确认的工资条或记录、单位盖章的职工花名册。

③用人单位为劳动者缴纳各项社会保险费的记录。

④用人单位向劳动者发放的“工作证”“服务证”等能够证明身份的证件。

⑤劳动者填写的用人单位招工招聘“登记表”“报名表”等招用记录。

⑥用人单位盖章的考勤记录。

⑦其他劳动者证言。

❖还有哪些特殊的劳动证据？

①记载有劳动者名字的用人单位文件。

②用人单位与其他单位签订的有本人签名的购销合同或其他类型合同；工作中在第三方留存的有本人签名的资料。

③录音、录像、照片，用相机或手机拍摄上下班情况、工作方面的录像也可作为证明提供劳动的证据。

❖保留劳动证据的方法有哪些？

①平时使用手机对工厂环境进行拍摄，最好是本人在工厂做工时的照片，保留在手机内或者上传空间。

②注意厂牌上是否有用人单位的公章以及厂牌有效期，更换厂牌前最好自行拿去复印一份。

③每次下发的工资条照相保留，并注意工资条上的姓名、工号和你自身、工号的姓名是否一致。

④如果工厂内有朋友，那么可以作为认证，但是你没有朋友，那需要你平日多认识生产线上的朋友，宿舍内的室友等。

⑤其他劳动证据，最好保存盖有公章的纸质资料，养成良好的习惯，把请假条、厂服、盖章的考勤、入职等级表等存放在书包或者抽屉里。

⑥线长或者组长发来的做工短信，打来的电话，都可以进行保存，QQ上交谈的工作信息不要删除或者截图保存。

❖保留证据对我们有哪些作用？

作为工人，我们有相应的权利，当我们的权利被侵犯时，如果我们和工厂之间的劳动关系得到证明，那就可以依照法律进行诉讼并申请得到相应的赔偿。我们相应的权利如下：

①职业技能培训的权利。

②法定休假的权利。

③劳动报酬的权利。

④参与企业民主管理的权利。

⑤女工特殊保护的权利。

⑥提起劳动争议处理的权利。

⑦社会保险福利的权利。

第七章 请假辞职有诀窍

案例分享

今天当同学们都兴致勃勃地在实习单位完成了一半的实习生活时，小军却遇到了麻烦事。

小军：最近真是倒霉，一换季就感冒，想请假休息，不仅没成功反而被组长骂，说我是娇生惯养，年纪轻轻的这点苦都吃不了。气得我差点就和他吵起来了。

小玉：那你有问过组长为什么不给你请假吗？

小军：我问了，组长说现在特别忙，每条线都在赶产量，现在线上不能缺人。

小玉：你感冒很严重吗？有没有去医院检查？

小军：对呀，现在还没有去检查，我鼻塞、咳嗽、头昏脑涨的很不舒服，今天都差点晕倒在线上了。

小玉：小军，我觉得你应该先去医院检查一下，让医院开一个病历证明，再拿去给组长看，好好地和组长沟通，我相信组长是不会为难你的。

小军：好，那我马上就去医院开证明，明天就拿去给组长，我一定会好好和组长说的，不会和他吵了。

（第二天，小军很高兴地回到了宿舍……）

小军：小玉，告诉你一个好消息，我请到假了。

小玉：真的吗？太好了！你是怎么和组长说的呢？

小军：我把证明交给了他，并且详细地说明了我生病的情况，他二话没说就给我签了假条。

小玉：所以组长也并不是那么不近人情的，只要你选对了方法，并且在恰当的时间里，加上合理的沟通，请假也不会是难事的。

指点迷津

工作中，难免会遇到一些生活中的私事需要处理，如头疼脑热，家中急事，红白喜事，重要约会等。当工作与生活的冲突无可避免时，学会请假将成为我们职场生活的必修课！

❖那么，请假有哪些注意事项呢？

• 提前说明：虽然说事情是突发的，但是在我们去请假之前，提前通过电话或者短信之类的给对方说明一下情况，让对方有一个准备和安排，这样我们去请假的时候不会太突然，对方也更容易接受。

• 亲自出马：如果情况允许，我们尽量亲自去请假，这样会表现得更加有诚意，我们请假成功的概率也就相应地增加了。

• 写好假条：在请假的时候，我们需要提前准备好假条，因为有时候对方不方便开具假条，因此如果没要求专门的假条的时候，我们就提前写好自己的假条，这样对方同意之后，直接签字即可。

• 礼貌诚恳：在请假的时候，用词要准确，一定要诚恳和礼貌，当我们很有礼貌的时候，对方也不好拒绝我们，这是人之常情。如此一来也可提高请假成功的几率。

• 讲述缘由：在请假的时候，不能只说我们要请假而不说明原因，这样对方会感觉莫名其妙，甚至会引起反感，因此在不透露隐私的条件下，应该适当地说明请假原因，对方也才有正当理由同意我们的请假。

• 说明时限：说明请假的天数，我们请假一般都有天数限制，因此在请假的时候，就应该说明从什么时候开始请假，请假几天，什么时候返岗。这样对方也好安排工作。

• 补救措施：对造成的影响提供一定的补救措施，如果我们已经工作了，那么我们突然的请假势必会引起一定人员的调动甚至损失，因此我们应该对自己突然离开所造成的影响提供一定的补救措施，对方才会欣然接受我们请假。

• 按时返岗：不管什么时候，我们都要做到诚信，请假也是一样，我们应该按照自己假条上的时间按时回来。当然，如果事情没有办好，不能按时回来的时候，我们也应该再次说明原因以及时间安排，并对此做出一定的道歉。

• 及时报告：在完成事情之后，我们返岗时应该去找对方打一声招呼，去报到一下，以免引起不必要的麻烦。同时，让对方知道自己回来了，不要一声不吭，这也是一种礼貌的表现。

❖ 关于假期，我们有哪些权利呢？

劳动者的权利：劳动者依法享有法定节假日以及年休假、探亲假、婚丧假、晚婚晚育假、节育手术假、女职工孕期产前检查、产假、哺乳期内的哺乳假、男方护理假（附录2）。

在工伤职工停工留薪期间，用人单位应当视同劳动者提供正常劳动并支付其工资。

❖ 自离和正常离职对工资的影响有哪些呢？

（1）自离：很多同学不想在工厂做了就擅自走掉，并且不通知任何人。在工厂里旷工两天就算自动离职，主动离职拿不到当月工资，就算几天后同学们再次回到厂里也是没有办法拿到自己工资的。

（2）正常离职：在组长处领取离职单，按照离职单上的提示流程办理，便可拿到自己的工资。哪怕你只工作了一天，也是可以拿到对应的工资的。

第八章　受了工伤怎么办

案例分享

小军在工厂已经工作两个月了，他慢慢地熟悉了工厂工作流程。他和同班同学小玉，一个上白班，一个上夜班，由于线长认为小军身体比较结实，他被线长安排在一个较辛苦的工位——钉螺丝。没过几天，小军的手上便起了水泡，小军也没有太在意，继续认真工作，几天后，小军手上的伤口开始恶化，出现化脓的情况，下班时脱下手套可以看见手套上的血迹，但是小军不知道这件事要怎么处理？

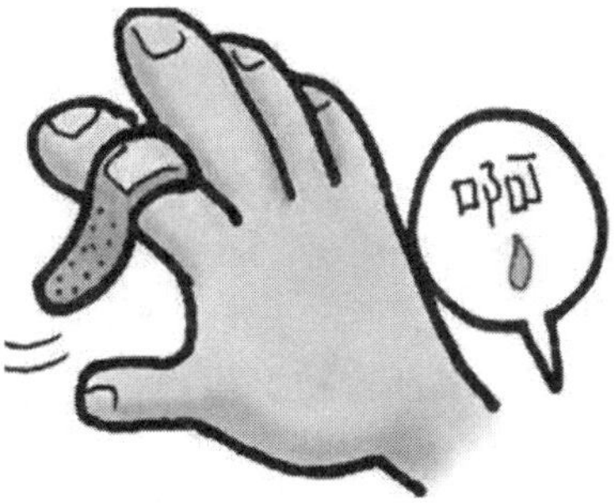

小玉看到了小军手上的伤口，便询问是怎么造成的？起初小军大大咧咧不想说，在小玉的追问下，小军说出原委，小玉对小军说："你的情况属于工伤，工厂要对每一个员工负责任，你受伤了，厂里负有责任，你可以要求一些赔偿。当你做不了这个工位的时候，你可以和线长申请调换工位。只要你的情况属实，线长一般是会同意调换工位的。"听了这些，小军找到线长沟通，在核定情况属实后，小军成功地换了工位。

几天后，小玉发现自己的脸上开始长一些红疹子，他利用手机查询自己的工作是否会与自己的红疹有关联，查询之后，小玉才发现因为自己的工作是擦灯管，可能存在一些放射性的物质，这是职业病，同时也是工伤的一种，之后小玉找到自己的带队老师，说明情况，去医院做了鉴定，最后准备找工厂协商理赔。

小玉和小军的实习生活真是一波三折，受伤并不可怕，只要我们及时采取措施，合理维护自己的合法权利，就能解决问题。但是大家要注意，预防受伤重要，受伤后保存证据为自己争取权益同样重要。希望大家在工作场所里都能小心谨慎，避免受到伤害。

指点迷津

❖什么是工伤?

工伤是指劳动者因本人工作原因而导致的人身伤害、急性中毒以及职业病。工伤按照《工伤保险条例》来处理。

◆有下列情形之一的，应当认定为工伤：

①在工作时间和工作场所内，因工作原因受到事故伤害的。

②工作时间前后在工作场所内，从事与工作有关的预备性或者收尾性工作受到事故伤害的。

③在工作时间和工作场所内，因履行工作职责受到暴力等意外伤害的。

④患职业病的。

⑤因工外出期间，由于工作原因受伤害或者发生事故下落不明的。

⑥在上下班途中，受到非本人主要责任的交通事故或者城市轨道交通、客运轮渡、火车事故伤害的。

⑦法律、行政法规规定应当认定为工伤的其他情形。

❖有下列情形之一的，视同工伤：

①在工作时间和工作岗位，突发疾病死亡或者在48小时之内抢救无效死亡的。

②在抢险救灾等维护国家利益、公共利益活动中受到伤害的。

③职工原在军队服役，因战、因公负伤致残，已取得革命伤残军人证，到用人单位后旧伤复发的。

•非法用工：童工属于非法用工，因工受伤在法律上不属于工伤，按照《非法用工单位伤亡人员一次性赔付办法》来处理。

•无过错责任原则：工伤和非法用工受伤实行“无过错原则”，意思是即使因工作失误导致受伤，一样不影响享

受相应的待遇。

❖工伤事故的处理注意细节：

①工伤认定在当地社会保障局的工伤保险科填写申请表申请认定，对受理的事实清楚、权利义务明确的工伤认定申请，社保局应当在 15 日内做出认定的决定。

②工伤认定十分重要，拿到工伤认定书是追讨相关赔偿的前提，如果没有做工伤认定，相关赔偿很难有保障。

③工伤认定的前提是劳动者和用人单位存在劳动关系并且能证明。所以保存相关证据（例如：厂牌）显得尤为重要，没有劳动关系证明，很难认定到工伤。

◆实习期间受伤怎么处理：

①报告给线长（领班）和指导老师，立即送往医院治疗。

②收集工伤证据（发生时间、发生地点、人员、造成原因及结果），证据包括有效的证明照片、工友证明、医院或者医务室的病例。

③积极配合治疗，与厂方协商解决方法及费用；找到线长，受伤期间也要给我们计算工时。

◆工伤的处理程序

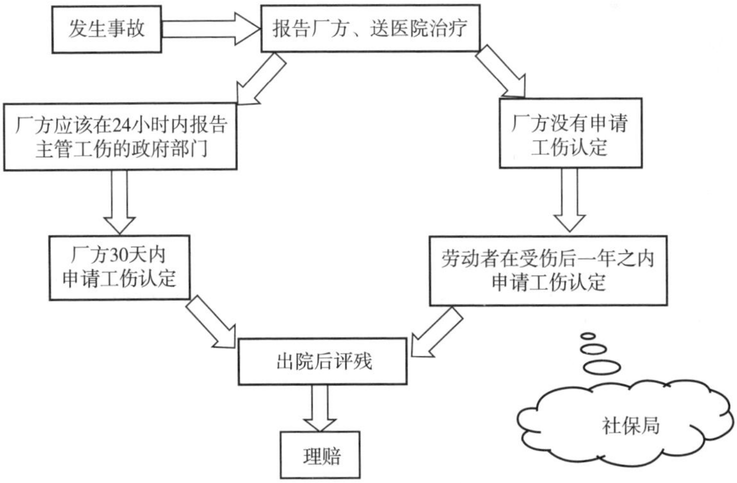

◆工伤赔付

社保局：一次性伤残补助金

用人单位：一次性伤残就业补助金、一次性工伤医疗补助金

第九章 职业安全与健康

案例分享

张先生是一家造纸厂的员工，在车间工作时看到管道上面有一根头发，就习惯性地用手去拽了拽，没想到就在这时候，悲剧发生了：他的手被卷进了机器！滚轮一直碾到了他的右臂上臂，张先生胳膊虽然抽出来了，但整个右臂几乎都被碾碎了。

指点迷津

同学们正处在身体发育的阶段，不管生活还是工作都需要有一个安全的环境。大家工作的时候有没有想过安全的问题呢？除了老板要遵守法律和安全规章之外，我们自己也要提高警惕。这就是此部分想跟大家谈的工作时候的安全问题——职业安全。

❖什么是职业危害？

首先，我们来看一看这张生产车间的图，想一想，大家觉得其中哪些地方存在安全隐患呢？

大家找到了吗？除了图片，我们在下面的表格列出了一些在工厂常见的问题，你们也有遇到吗（表9-1）？

职业危害指的是工作过程中各种各样影响劳动者安全健康的因素，包括物理性的（热、辐射、重力、噪声、震动等），化学性的各种化学品，生物性的（细菌、病毒等），空气污染等环境危机，人体功效危害及心理因素等方面。

下列哪些属于职业危害呢？你工作的地方有没有这些危害呢？

表9-1 工厂常见的问题

序号	工厂常见的问题	序号	工厂常见的问题
1	车间温度高	11	货物堆得太高
2	疲劳上班	12	喷漆没口罩
3	空气有毒	13	一天插件一万次
4	宿舍有蟑螂	14	车间杂乱无章
5	空气中有很多粉尘	15	车间通风不好
6	车间用的化学品不知道名字	16	领导天天骂人
7	机器经常失灵	17	车间没老乡
8	拉叉车没有劳保鞋	18	在车间吸烟
9	机器有时漏电	19	饭堂饭菜难吃
10	一直站着上班	20	车间噪声大

看一看，你选对了吗？

★ 不属于职业危害的？

一般来说，4、17、19这些项不属于职业安全危害。但是宿舍卫生、伙食质量同样是我们的劳动权益之一，我们有权要求工厂改善。

★ 可能导致肌肉劳损的？

一天插件一万次、一直站着上班（10、13两项）都是用一个姿势和动作工作，身体的一些部位长时间得不到放松，就有可能产生眼部、手部、颈部和背部等相关部位的疲惫、酸痛、功能障碍等症状，这些属于人体功效危害。

★ 可能导致职业病的？

1、3、5、6、12、15、20这些项都有可能会导致职业病的产生。高温可能导致中暑，噪声可能导致噪声聋、空气含有粉尘可能会导致尘肺，接触使用有毒空气或者化学品等可能会导致职业性中毒。

★ 可能导致受伤的？

2、5、7、8、9、11、14、15、18这些项可能会导致受伤，疲劳上班、机器失灵可能会导致机械伤害，车间物品摆放太高、杂乱可能会导致砸伤、绊伤，在车间吸烟可能引发火灾。需要注意的是，如果生产中产生很多金属粉尘而车间通风又不好的话，容易引发爆炸。

★ 可能导致心理压力过大的？

2、13、16这些项都可能会导致心理压力过大，包括疲劳、工作单调、管理粗暴等因素。心理长期处于压抑状态，可能会诱发生理或者心理疾病。

❖常见职业危害及注意事项有哪些？

1. 机械伤害的注意事项

①严格按照使用规章操作。

②千万不要疲劳工作，很多工伤事故都是因疲劳工作引起的。

③不要操作任何无安全装置的机器。因为身体可能被卷进机器中，非常危险！

④机器运转过程中不要尝试维护或者保养，机器出故障要找专门的维修人员。即使要接触，也必须在拔掉插头之后再接触！

2. 火灾、触电、爆炸的注意事项

①车间布置规范，生产场所要有消防措施，消防通道保持畅通。

②车间不可放置易燃易爆等危险物品，控制火源。

③严禁私拉电线，严禁线路超负荷使用。

④产生粉尘的车间应有防尘措施，如通风排尘、湿润排尘等设施。

3. 人体功效危害的注意事项

在流水线上保持同一个姿势工作、长期在电脑前面工作等，平时会觉得腰酸背痛，时间久了可能会落下腰椎、颈椎等病症，视力衰退。

要长期保持同一个姿势的时候注意定期活动肢体。

❖哪些时候比较容易发生职业安全事故？

• 疲劳工作：容易导致精力不集中，是发生工伤事故的重要原因。

• 新员工刚进厂：对生产流程和机器操作都不熟悉，再加上很多工厂不注重培训，也容易发生事故。

• 天气炎热：在闷热的工作环境里身体流汗多，人也容易烦躁。另外，因为天气炎热，晚上睡眠不足，白天就容易疲惫，容易导致操作失误、工伤事故多发。

●年底赶货：很多工厂年底人手少订单多，所以总要求产量高，加班多。因此，员工一方面容易疲惫，另一方面产量要求速度而忽视安全。

❖如果在车间遇上不安全的工作环境，我们该怎么办？

首先，我们要明白工厂有责任提供一个安全的生产环境，而我们作为员工应遵守相关的安全规章制度以保护我们的生命健康权。如果遇上不安全的工作环境，我们可以这么做，具体如下：

●向工厂管理层反映：与其他工友商量，大家一起向工厂反映安全问题，改善车间工作的环境。例如：要求用人单位给予员工辅助工具，避免直接用手送物料入机械内，安装防护罩等。

●投诉和举报：假如用人单位不理会工人的诉求，工人应向当地劳动部门投诉，要求责令用人单位进行改善；也可以去安全生产监督局举报，要求改善工作环境。

提醒大家，一定要保证休息，最好不要长时间加班，并且刚刚进入工作岗位的时候，不要在没有学习的情况下就操作危险机器。生命比任何事情都要重要，我们不能只是无奈接受不安全的工作环境，因为若不幸发生事故，受害的是自己。

第十章　两性友谊

案例分享

（场景：QQ 聊天记录）

丽丽：美美，在不？

美美：在的。

丽丽：美美，我告诉你一个秘密，你千万不要告诉别人，我发觉刘鹏对我有意思，每天他都故意创造跟我相处的机会。

美美：什么，他是我们线上出了名的花心大萝卜，经常去招惹那些长得漂亮的女孩，丽丽，你千万要把握分寸，不要到时候后悔莫及。

丽丽：那我该怎么办呢？

美美：你是不是喜欢他？说实话。

丽丽：我也不知道，或许是吧。

美美：丽丽，作为你的好姐妹，我建议你不要喜欢他，你应该清楚他的为人。

丽丽：我想跟他相处试试，美美你是我的好姐妹，你就支持我。

美美：我真的不赞成你们相处，有些人只适合做朋友，不适合做男女朋友，刘鹏真的不适合你。

丽丽：我不跟你说了，还说我们是好姐妹，都不跟我站同一条战线！拜拜，我有事先忙。

美美：我是你的好姐妹，怎么可能伤害你，丽丽希望你能理解我的苦心。那就这样吧，要是有什么事，随时找我，我和你永远是朋友。

（一个月之后）

丽丽：美美，你在吗？我好难过。

美美：这一个月你QQ一直不回复我信息，也没有主动联系我，我以为你生气了，你发生什么事情了？

丽丽：我真的很后悔没有听你的，他有女朋友，对我只是玩玩而已。他追求我的时候说的那些话真的让我很感动，现在他厌烦了就叫我滚。

美美：丽丽，你现在认清也还不晚，以后你交朋友一定要注意，千万要看清。

丽丽：美美，谢谢你，我之前对你发脾气，你能原谅我吗？

美美：当然了，我从未怪过你，我只是担心你，我们一直都是好姐妹。

丽丽：美美，谢谢你，有你真好！

指点迷津

❖怎样正确安全地处理两性友谊？

很多同学处理两性关系时，容易受到传统角色定型、长辈、大众媒体等影响。这些影响很可能会强化我们对异性的刻板印象，甚至是偏见。

例如：女孩就一定是依赖、温顺、脆弱、没有主见的；男孩一定要刚强、勇敢、不能柔弱；有的长辈男尊女卑的观念比较重，还有大众媒体，如广告、电视、网络，由于商业利益的驱使，不负责任地歪曲两性形象，渲染性暴力文化、形塑男性的权威与女性的依附等充满性别偏见和歧视的意识。

现在的青少年朋友都讲究相互尊重和平等相处，而且社会发展越来越多元化，我们唯有开放和平等的态度，才能赢得异性的友谊！

❖如何把握异性交往的度？

①不必过分拘谨。在与异性的交往中，要注意消除异性间交往的不自然感，不要有任何矫揉造作和扭捏作态。

②不应过分随便。男女有别，有些话题不宜在异性面前乱开。

③不应过分亲昵。与异性交往要注意自尊自爱，言谈举止要适度。过分亲昵会使你显得轻佻，反而引起对方反感。

④不可过分卖弄。如果你在异性面前只想表现自己，不懂得倾听别人，你将会丧失很多交朋友的机会。

❖怎样拒绝异性追求呢？

在两性交往中，遭遇到不愿接受的爱是常有的事情。如果我们不喜欢那个人，可以礼貌并坚决地说出自己的想法，清楚地拒绝对方。如果说不出口，也可以用自己的行动来明示，如不再接受对方的邀请，避开与对方单独相处，中止界限模糊的交往。

如果被拒绝了，也不要伤心或就此消沉，可以多参加集体活动，多和他人接触，这样既能转移注意力，也可以结交到更多的朋友。千万不要死缠烂打或做出过分的行为，这样很容易干扰到对方的正常生活，甚至还可能构成性骚扰。

❖怎样正确使用微信、QQ、抖音等交友软件呢？

常见聊天软件大家基本都会，但这里想要告诉同学们的是如何恰当地使用聊天软件。很多同学在使用这些聊天软件时，很喜欢与陌生人聊天，寻找一些不一样的感受，或是找人倾诉。这个时候往往会放松警惕，很容易将自己的信息告诉对方，最后上当受骗。

这里帮大家理了几条如何预防被骗的小窍门：

①使用微信或 QQ 等聊天软件时，不要使用定位功能，避免被定位跟踪。

②与陌生人或不熟悉的人聊天时，不要透露自己的基本信息，如姓名、电话、身份证号、家庭住址等，骗子通常会通过这些信息进行诈骗。

③不要轻易相信陌生人和不熟悉的人发来的信息，尤其是网站的链接，可能会导致手机或电脑中毒，基本信息被窃取。

④注意认识的朋友在 QQ 里向你借钱，一定要电话或当面确定是其本人。

⑤不要轻易与陌生人见面，若是要见，请结伴而行，且选择人流量较大的地方，如快餐店等地方。同时告诉家人或朋友你的去向，确保自己的人身财产安全。

第十一章　如何应对性骚扰

案例分享

（场景：在工厂车间内的小强经常对小红动手动脚）

小红：小玉，你快来给我出出主意吧，我现在真不知道怎么办了？

小玉：出了什么事吗？

小红：最近上班，我的上司小强总是有事没事去我那里找我搭话，假装关心或者赏识我，他拍拍我的肩膀或用力握住我的手不放，有的时候还当着我的面和其他男同事开玩笑，讲很多黄色笑话，弄得我好尴尬，真不想在那里做了，你快给我出出主意，好吗？

小玉：这种事情发生多久了？

小红：一个多星期了，最近他表现得越来越放肆了。

小玉：如果他继续讲黄色笑话的话，你可以直接跟他说你不喜欢，希望他不在你面前说这些话；如果他搂你的肩，你可以躲开或者把他的手拿下去，说你不喜欢这样开玩笑；实在不行你可以打举报电话，以匿名的形式举报给更上一级的单位领导。

小红：这样的话，那我试试，真是太谢谢你啦！

小玉：没事，有什么问题就可以找我，能帮上的我一定帮！

小红：好的。

指点迷津

❖什么是性骚扰？

性骚扰是指一切足以让人不舒服、不自由、被侵犯、被骚扰、恐惧感、屈辱感的和性或性别有关的故意行为，是违背个人意愿的，有可能通过强迫、威胁或不预期等言词、非言语词和身体接触的方式发生在任何人身上。也就是，男性、女性都有可能遇到性骚扰。

❖性骚扰的表现形式有哪些?

①口头方式：如以下流语言挑逗对方，向其讲述个人的性经历、黄色笑话或色情文艺内容。

②行动方式：故意触摸、碰撞、亲吻对方脸部、乳房、腿部、臀部等性敏感部位，故意拥抱女性、故意色眯眯地盯着你做出有性意味的姿态。

③设置环境方式：即在工作场所周围布置淫秽图片、广告等，邀请你看黄色录像、使对方感到难堪。

④性贿赂或性要挟：以找工作、提拔等为条件，要求对方服从；以辞退或降职胁迫对方顺从。

❖遇到性骚扰怎么办?

①如果老板、同事挑逗、勾引你，要严正拒绝，千万不要态度暧昧。直接拒绝，表明自己的立场。不然，就会让对方以为有可乘之机，得寸进尺。

②公交车上遇到骚扰者，尽快躲开他，或用严厉的眼光盯视他或者大声呼救，引起车上其他乘客注意。

③偏僻处遇到骚扰者，大声叫喊，或使劲吹口哨，令骚扰者惊心，你可趁机逃跑。

④用随身带的发胶、香水喷射骚扰者的眼睛。

⑤声东击西，引开骚扰者的注意力。

⑥电话报警或者假装报警，让骚扰者感到胆怯。

⑦若是经常受到性骚扰，就将发生的日期、时间、地点和对方的行为、说话记录下来，作为日后投诉的证据。

小贴士

①受到性骚扰，不要因此感到羞耻，或责怪自己，记住错不在自己。

②与一个可以信任的人倾诉，以获得情绪上的支持，同时可商讨应该采取

的行动及应对措施。

③性骚扰不单发生在陌生人之间，熟人之间的性骚扰情况也很普遍。

牢记：身体是自己的，如果自己不愿意的话，就出声说“不”，不要强忍下去。

❖那么，如何保持身心健康呢？

1. 心理健康——认识性冲动

性冲动是每个人都有的正常反应，适当自慰（如手淫及抚摸）是满足性冲动的一种方式，可以缓解“性压抑”，但是要注意，过度的手淫会对身体造成伤害。

2. 生理健康——认识性行为

①性行为前要清洗生殖器（男女均要洗）。注意用清水就行，切勿乱用消毒药水等。

②性行为后必须清洁，性行为后立即小便有助冲走细菌。

③不要在女方月经期发生性行为，以免伤害女方身体。

❖如何拒绝性要求？

恋爱是因为彼此相爱。感情需要彼此接纳、尊重、关心和包容，千万不要将性作为维系感情的工具。如果你因为对方提出的性要求而感到不安，应该坚决拒绝。那么，我们应该如何拒绝呢？

- 断然拒绝：绝对不行，不可以强迫我。
- 表明立场：我年纪还小，不想太早拥有性行为，请你尊重我。
- 分析后果：如果发生性行为，我可能会怀孕，但是现在我们没有能力抚养小孩，这会影响我们的未来。
- 订立界限：跟对方订立契约，相互监督。

第十二章　理财小窍门

案例分享

(情景：终于到了发工资的时间，小军和小玉正在讨论钱怎么花。)

小玉：小军，你这个月工资有多少？

小军：我加班加得少，所以只有1900元，你加这么多班是不是有很多工资。

小玉：哪有，才2500元而已。对了，拿了工资你准备怎么用？

小军：我已经和他们约好出去吃顿好的，再去唱歌、喝酒。你呢？

小玉：我会把四分之三的钱给奶奶寄回去，奶奶年纪大了，身体又不好，处处要花钱，所以我准备把钱给奶奶用。

小军：我奶奶有我爸妈养着，我才不把钱寄回去，我挣的钱当然是我自己用了。好了，小玉不和你说了，我先走了。

(半个月后……)

小玉：小军吃饭呢？

小军：嗯！

小玉：你怎么吃的全是素菜，虽然说是要多吃菜，可是只吃菜也不好。

小军：别提了，我的工资全部用完了，只有吃素菜了。

小玉：不是吧，才半个月你就全部用完了！你拿去做什么了？

小军：唉，我们天天出去吃火锅、串串、烤鱼，然后又买了衣服，充游戏币什么的就把钱用完了。

小玉：小军啊，不是我说你，吃什么不是吃，你怎么偏偏要去吃那些东西呢？还充游戏币，你挣钱也不容易，怎么能乱花呢？那可是你辛辛苦苦一个月才挣来的，你现在用完了，那你接下来半个月怎么办呢？天天吃素菜吗？

小军：那也没办法啊，谁叫我乱花钱，只有这样了。

小玉：给，我先借你用，等你下个月发了工资再还我。

小军：那怎么好，你自己也要用的，你给了我，那你怎么办呢？

小玉：别担心，我还有钱，你先用吧，我只希望你下个月别乱花钱了。

小军：好，你放心，我下次绝对不会了。

指点迷津

❖那我们应该怎样理财呢？

1. 建立良好的花钱习惯

开支记账：主要记录支出部分，包括：食物（聚餐、零食）；交通、通信、娱乐（包括上网或是打台球等）、添置日用品（清洁用品和洗漱用品）、大件物品（衣物或买手机）、赡养家庭（如寄钱回家等）。

2. 要有合理的开支结构

首先要做到量入为出，要做到自己有多大能力办多大事情，同样花钱也是如此，做好自己的花销预估，千万不能有多少钱就用多少，应该合理的安排好每一分钱的作用。

3. 先储备后消费

很多同学都希望有自己的小金库，但是又总认为只有那么一点点工资怎么有余钱进行储蓄呢？其实先储蓄后消费并不是每次要储蓄多少的问题，不管钱多少每个月都应该拿出工资的一部分用于固定储蓄，积少成多，用于“以防万一”。

4. 减少生活中不必要的开支

哪些是“不必要”的呢？不同的人会有不同的看法，一般说，我们觉得开支里面为了满足过度的享受或者追求，过分要面子而摆谱式的花费都是属于不必要的，当然这个也是由自己把握的度。

第十三章　防偷防骗知识分享

案例分享

白驹过隙，三个月实习生活稍纵即逝。结束了实习，领到了工资，我们准备回家过年。拖着行李，我和小军欢快地踏上回家的旅程。旅途中，我和小军聊得非常尽兴，毕竟马上就要回家过年了，心情真的很好。

正当我们聊得开心的时候，意想不到的事情发生了：有一个陌生男子，抢了我的手提包提腿就跑，我根本来不及反应。这时小军立马追了上去，我也大声呼喊：“警察来了，警察来了！”抢包的人听到我的叫喊，可能有些心虚，立马丢下包逃跑了。小军帮我把包捡回来，我连忙打开包查看，幸运的是，我的财物都还安稳地放在包里，没有任何损失。

在公交车上，我想到时间还长，准备打盹休息一下，正当我睡得迷迷糊糊的时候感觉好像有人在翻动我的包，于是我立马睁开眼睛，用手把包攥紧才没让小偷得逞，最后我看到那个小偷迅速地站到后门，一到站他就下车了。

到了火车北站，我把这个事情告诉了小军，小军告诉我快过年了，所以坑蒙拐骗的人也多起来了，花样也多起来了，我们一定要注意安全。这时我突然想上厕所了，我就把包交给小军看管，自己去寻找厕所，等我回来的时候，小军告诉我，有一个骗子找上他了，那个骗子过来问他要不要发财呢？很简单的发财方法，就是让他买产品，成为会员，就可以跟着骗子一起卖产品赚钱了，小军一眼就识破了骗子的骗术，果断拒绝，那骗子还依旧跟着小军，强迫小军买产品，直到小军看见我从厕所出来招呼我，骗子才放弃走掉。

看来我们的回家路真是一波三折，希望大家都可以保护好自己的财物，不要受骗，开开心心地回家过年。

指点迷津

❖偷盗存款骗术有哪些？

①偷看卡号和密码，或是安装针孔摄像头以窃走信息。

②拾得取款凭条，破解密码。

③利用手机短信发送虚假信息，谎称储户银行卡资金被错误划扣，留下所谓‘客服电话’，骗取客服账号与密码。

④调包偷卡。用拍肩膀，掉钱等手法分散取款人注意力，然后迅速把卡调包。

❖使用银行卡应注意哪些？

①不要把银行卡与身份证放在一起。

②不要把生日作为银行卡密码。

③办理银行卡时有相关资料，应复印一份保留，以免丢失后，没有凭证。

④当银行卡丢失后立马挂失，然后尽快带上身份证到开户银行申请正式挂失，并办理补卡手续。

❖防范电话诈骗有哪些？

①不要相信任何‘紧急通知’。不要拨打自动取款机旁的‘值班电话’，当机器故障时，应拨打银行正规的客服热线请求帮助。

②警惕短信诈骗行为。收到可疑短信时，应谨慎确认。收到可疑短信时，既不拨打短信中提供的电话，也不按提示回复短信，以防骗取话费。

❖防骗‘九要素’有哪些？

①做个老实人，不贪横财。

②要有强烈的防骗意识。

③要学会察言观色。

④旅途中对陌生人提供的香烟、食品等，要婉言谢绝，防止放‘迷魂药’。

⑤莫充内行，以免被骗。

⑥不贪美色，谨防中计。

⑦买药要走正规途径，正规就医。

⑧不到地摊上‘测字’‘算命’，都是骗人的把戏。

⑨对街头乞讨的‘可怜人’，细加识别，防止上当受骗。

为了让大家加深印象，请认真读一读这首《防骗歌》。

防骗歌

叮嘱千万条，防骗第一条；
做个老实人，不贪图横财；
会察言观色，谎言莫上当；
旅途莫贪嘴，警惕“迷魂药”；
莫充行内人，更易被欺骗；
不贪图美色，花痴更莫犯；
测字与算命，骗人假把戏；
购物去商场，地摊不便宜；
街头“可怜人”，甄别要仔细；
出门在外面，防骗要牢记。

❖求助渠道有哪些？

应急电话如下：

- 报警电话：110，火警：119，急救电话：120。
- 查询电话：114/118114，手机紧急求助呼叫：112。
- 手机短信报警号码：12110。

第十四章　找工作的途径及陷阱

案例分享

小美：丽丽，实习终于结束了，而我也终于毕业了。但是这个实习单位我觉得不太适合自己，我想重新去找一份工作。

丽丽：那你准备去找什么工作呢？你有心仪的工作单位吗？

小美：还没有，我是打算走一步看一步。

丽丽：那你可以留意一下招聘广告。

小美：这也是一个办法，不过我想先去人才市场看看或者到一些求职网上去了解一下。

丽丽：现在找工作的渠道很多，不过我总是有些担心，我们社会阅历少，可别掉进了求职的陷阱里。

小美：找工作还会遇到陷阱吗？

丽丽：那可不，有些人找工作，把身份证等重要证件被别人盗用了，拿去贷款和注册一些非法机构。有的人被拐卖到了很远的地方做“黑工”。

小美：这么可怕呀！吓得我都不敢去找工作了。

丽丽：不要太担心，正规的公司还是多，只要我们提高警惕，陷阱还是可以避开的。

指点迷津

终于毕业了，有的同学找到了心仪的工作，有的同学则有可能会面临找工作的情况。你是否也会有小美同学那样的困扰呢？我们在找工作的时候，要如何避开丽丽说的那些陷阱呢？

❖找工作的途径有哪些?

(1) 亲戚介绍。同学可以找父母或者家里信得过的亲戚帮忙找工作。

(2) 朋友、同学介绍。找有兼职或是正在上班的同学或朋友帮忙，最好是进行多方验证，掌握全面的可靠的信息。

(3) 自己找。亲自到工业区或人才市场查找招聘广告，这是比较原始，但比较安全有效的方法。

(4) 职介所。选择正当注册的职介所，但要缴纳一定费用。

(5) 互联网。这是比较新兴的找工作途径，不少网站都有，如58同城、中劳网、赶集网等。

❖找工作的陷阱有哪些?

1. 不通过正规的渠道招聘

注意识别真假广告，不要轻易相信街边、电线杆、车站站台、偏僻角落张贴的小广告。人员招聘是单位的一项重要工作，是企业形象的重要组成部分，一般单位对该项工作是非常重视的，会派专人通过正规的渠道招聘。不要毫不防备地就把自己的简历等材料交给单位。

2. 说工资很高，但是要先收费

注意高额工资待遇，招工陷阱往往有优厚的条件。一般每年各地政府的劳动部门会发布当地不同行业的工资指导价，如招聘某一职位，市场平均价为1500，而某招工信息却给出5000或者更高的价格，那就要小心了。而且刚参加工作，薪酬不高是正常的。相反，如果出现一个不熟悉的单位提供高薪酬时，毕业生就应该引起注意，因为不少不法人员企图利用高薪待遇的幌子，骗取毕业生所谓的押金、培训费、服装费等。在当前的就业形势下，毕业生千万不要相信在工作的初期就很容易的获得高收入，对有些单位提出的所谓押金、培训费、服装费要敢于说不。

3. 要你介绍他人加盟

有些大学生因被骗而涉足非法传销，到头来后悔不已。因此，毕业生在求职的过程中如遇到非单位对你非常主动，而是把加盟后的前景说的异常振奋人心，并要你介绍朋友和同学一起加入时，就要想想这句老话：天上是不会掉馅饼的。

4. 非法职介所惯用伎俩

打着咨询公司、顾问公司等旗号，以“直聘”来诱惑求职者上钩，在报纸上、网站上打出“非中介”等字眼，吸引求职者应聘，依旧收取各种费用。收取100到500不等的费用，承诺一年内可以无限次介绍工作，直到找到满意工作为止，但是事实却是很差的工作。

5. 不签订就业协议书

就业协议书是传递毕业生人事关系的依据，如不签订就业协议，毕业生的人事档案及户籍等人事关系就无法转入工作单位及所在的城市。而这些关系的办理涉及毕业生的切身利益，如办理社会保险，购买经济适用房，评审职称等。因此，单位不予毕业生签订就业协议书，对毕业生的工作、生活以及职业发展是不利的。毕业生应主动要求用人单位解决这些问题，并通过当地的人才交流中心协助办理人事档案及户口等关系的接收。

6. 不将承诺写入合同

用人单位对招聘中的内容并非必须承担履行义务。作为毕业生，如想要招聘的那位兑现招聘广告中的承诺，最好将这些承诺写入双方的劳动合同条款中，由劳动法的约束力来督促用人单位向毕业生履行承诺。

❖重要警惕：谨防私人资料遭窃的方法有哪些？

方法 1：拒交各种名义的费用。

任何招聘单位，以任何名义要求求职者收取抵押金、服装费、产品押金、风险金、报名费、培训费等收费行为，都属于违法行为。

方法 2：不轻信许诺到外地上岗。

对外地企业或某外地分公司、分厂、办事处的高薪招聘，无论其待遇多好，求职者千万要保持清醒的头脑和高度的警惕，不要轻信他的口头许诺，及时到劳动保障部咨询，不要轻易办手续，否则会吃大亏，谨防被骗工、骗钱，甚至被人贩子骗卖，到时悔之晚矣。

方法 3：不要将重要的证件作抵押。

不要将自己的身份证、学生证、毕业证等相关重要证件作抵押。有的用人单位以保证学生实习时间为由扣住学生的证件，根据相关的规定，任何单位都不能扣押证件。

方法 4：掌握劳动法规和相关政策。

主动学习劳动法规和相关政策，提高自己的求职素质和独立思考的能力。

方法 5：多种途径了解公司的背景。

在求职者正式进入公司之前，想方设法加强对企业的了解以免误入骗子设下的陷阱。例如：上网查找该招聘单位的相关资料，注意招聘单位的营业执照等相关证件；正规单位的招聘一般会将招聘设在单位的办公室、会议室。对于那些以租用房间作为应聘地点的单位要警惕。工商部门咨询电话：12315。

方法 6：谨慎签订劳动合同。

与用人企业签订合同是要注意“三看”：一看企业是否经过工商部门的登记以及企业注册的有效期限，否则所签的合同无效；二看合同字句是否准确、清楚、完整，不能使用缩写、替代或含糊的文字表达；三看劳动合同是否有一些必备的内容。

一般劳动合同的内容如下：

①合同期限。

②工作内容。

③劳动条件和劳动保护。

④劳动报酬。

⑤劳动纪律。

⑥劳动合同终止的条件。

⑦社会保险和福利待遇。

⑧违反劳动合同者应承担的责任。

⑨双方认为需要规定的其他事项。

其中前 8 项为法定条款，必须具备；第 9 项为协商条款。

方法 7：发觉被骗应及时报案。

如果发现自己被骗，及时通知学校或家人，并拨打 110 与公安局取得联系，以保护自己的人身和财产安全。

❖正规职介机构具备哪些特征？

①办公场所有营业执照、税务登记证、招工许可证等原件。

②对服务项目、收费标准明码标价，正规中介费用基本是一次收费，收费几元到几十元不等，如果不成功，一般会退还中介费用。

③公示劳动监察机关举办受理电话。

④收费时出具由税务部门监制的发票（自行保留好）。

⑤服务人员持有职业资格证。

第十五章　合同里的“大秘密”

案例分享

小军最近心情不好，于是找到小玉聊天。

小军：我觉得我最近真的很倒霉。

小玉：怎么了?

小军：我前段时间不是找到了一份工作。在我家附近的一个连锁超市上班，就在大学城。说实话，那里的工资待遇一般，我主要是考虑到离家比较近，省掉了路费，而且还可以回家吃饭，节约成本。结果，前段时间公司做人力调整，要把我调到渝北空港那边的一家连锁店工作。

小玉：这么远，坐轻轨单程都要3小时。

小军：是的，还要转一道公交车。真是太不方便了。

小玉：那你当初签合同的时候，有没有明确写明工作地点呢?

小军：这就是我郁闷的地方，我把合同找出来看了。工作地点写的重庆地区，就算把我调往区县，也是符合合同约定的。

小玉：那你怎么办呢?

小军：只有再去跟领导谈谈了，实在不行，就只有另外找其他工作了。

小玉：合同的事情，确实不能大意。还记得当初我们签合同的时候，很多页，只管把名字签上去，好多同学都没有细看合同。你知道我们实习的时候，有一个很厉害的赵工吗?

小军：记得记得，他当时在汽车厂担任总装调试工，这是个技术活儿，工资还挺高的。

小玉：你不知道，后来经济不景气，厂里将他调到一个非技术的低薪岗位，他不愿做，还跟厂里闹得很僵，据说还告上了法院。

小军：这么大的事呀，他技术这么好，应该胜诉了吧。

小玉：这个时候，法院可不看你的技术，只看合同，他合同上写的是担任“操作工”，这是一个范畴很广的工种，没有明确具体的工作性质，结果他败诉了。不过他技术在手，找工作还是不在话下的。

小军：所以，合同真的很重要，我们可千万千万要重视啊！

指点迷津

如今是一个法制的社会，很多与生活息息相关的事情都离不开法律。劳动者与用人单位劳务签订合同时，不仅是用人单位面试劳动者的过程，同样也是劳动者审查公司的过程，那么劳动合同订立要注意什么呢？

❖劳动合同订立程序是什么？

关于合同签订的流程，一般来说分成三个阶段，具体如下：

• 第一个阶段是酝酿阶段，所谓酝酿阶段就是经双方就合同的主要内容，各个条款，进行协商讨论，达成意向性的一个文本框架性的协议，这是酝酿讨论阶段。

• 第二个阶段就是根据酝酿讨论阶段的情况，由一方起草文本，起草文本交于对方进行修改补充完善，然后交由对方进行审查修改，就是文本的提出与修改阶段，这个可以是经过几个回合，然后各方都对合同的主要条款内容，文字这些达成了一致，没有什么修改意见了，就进入第三个阶段。

• 第三个阶段就是签字盖章阶段。签字盖章阶段一般由一方签字盖章，送交另一方，进行最后的签字盖章。盖好了章，然后就是互换文本，这就是合同签订的整个流程。

❖签订劳动合同的十大注意事项有哪些？

（1）签订合同时，劳动者首先要弄清单位的基本情况，要判断是否是合法企业，它的法人代表姓名、单位地址、电话要知道，这些信息可以通过上网查询工商登记信息获取，同时要求将这些内容明确写在合同中。

（2）劳动者要弄清自己的具体工作，并在合同中表明工作的内容和具体地点。

（3）劳动报酬要定清楚，避免口头约定。比如：标准工资是多少呢？有没有奖金呢？奖金是根据什么标准发放的呢？这些数据一定要在合同中体现，不要轻信老板的口头承诺。案例：小李到一家私企工作，合同上的工资是每月1000元，老板承诺他每月能拿到2000元的工资。工作几个月后，小李拿到的还是每月1000元，因而产生纠纷。最后，因老板口说无凭，小李没有得到他希望的报酬。

（4）关于试用期的问题要特别注意。法律规定试用期最长不得超过六个月，仅约定试用期的合同是无效的，试用期结束就要求劳动者走人是耍赖的行为；在试用期间，用人单位不得无理由解除劳动关系；除非劳动者不符合招聘条件，才能走人。

（5）劳动报酬的支付方式与支付时间要明确，是现金还是通过银行支付到账户中。有的单位采取扣发员工一个月工资的方式留住劳动者，这种行为不具有法定效力。如果劳动合同终止后，用人单位拒绝提供被扣发的劳动报酬，劳动者可以通过劳动仲裁解决问题。

（6）劳动者工作时间与工作条件要明确，有的劳动者为多挣钱，默认了企业要求严重超时的加班加点，这是违反劳动法的，现在越来越多的工资争议案就是因此而起。此外，工作的环境有毒有害，尤其是化学性的制革、制鞋行业企业，还有机械加工行业可能给工人带来的机械性伤害的工作环境，都要在合同中对环境危害可能造成的伤害明确表达出来。

（7）社会保险约定。有的企业以“不办社保可以多领工资”的说法，来误导劳动者主动选择放弃社保。对于社保问题，同学们要有长远的考虑，工作时间越长，这个问题就越大，它涉及养老的问题；一旦发生工伤意外等，最快速的解决方式是先通过劳动者购买的社会保险，快速选择走工伤保险补助的绿色通道救死扶伤。因而，有了社保就等于有了保障。

（8）不要签空白合同。空白合同是指企业为应付检查，拿出空白合同，先让劳动者签名、按手印，走一个过场，劳动者也不拿合同当回事，有的合同甚至没有盖章。一旦发生劳动争议，这类合同是无效的，同时劳动者的维权成本高昂。

（9）有些合同约定了不合法的内容，如女职工不得结婚生育、因工负伤的“工伤自理”，要求劳动者签订生死契约等，这些条款在法律上无效，劳动者可以拒签。

（10）劳动合同盖章后，劳动者本人和用人单位要各保管一份。劳动合同是发生劳动争议时，劳资双方可出具的最直接、最有效的法律凭证。在办理的工伤案件时，因劳动者手头没有劳动合同，在要求用人单位赔偿遭到拒绝的案例不在少数。有的企业在合同签订后，把两份合同都收走，发生争议时，劳动者手里没有合同，单位可以不承认有此人。

此外，即使有劳动合同，仍要保存好能够证明劳动关系的证据，如工资条、入职面试字条、工作证件、体检表格、单位签字等。

❖如果劳动合同没盖章有效吗？

【涉及条款】

《劳动合同法》第十六条规定：“劳动合同由用人单位与劳动者协商一致，并经用人单位与劳动者在劳动合同文本上签字或者盖章生效。”

根据这一规定，用人单位盖章并不是劳动合同生效的必备要件。在没有特别约定的情况下，劳动合同双方当事人签字即可表示劳动合同生效。为防止隐患，劳动者在签订劳动合同时，最好要求用人单位既签字又加盖公章。

但是，只签字不盖章或只盖章不签字的劳动合同也经常能见到：

①在劳动合同上签字的是用人单位法定代表人，该劳动合同有效。

②在劳动合同上签字的是用人单位的行政或人力资源管理部门负责人，他们签字的劳动合同应认定有效。

③劳动合同上只有用人单位公章，该劳动合同有效。

④当然，即便劳动合同单位没盖章，劳动者也可以通过其他证据证明存在劳动关系的事实。

❖劳动合同纠纷的处理途径是什么？

发生劳动争议，当事人不愿协商、协商不成或者达成和解协议后不履行的，可以向调解组织申请调解；不愿调解、调解不成或者达成调解协议后不履行的，可以向劳动争议仲裁委员会申请仲裁；对仲裁裁决不服的，可以向人民法院提起诉讼。

附录 1　霍兰德职业兴趣测量表

霍兰德职业兴趣测量表	
请根据对每一题目的第一印象作答，不必仔细推敲，答案没有好坏、对错之分。具体填写方法是，根据自己的情况，如果选择“是”，请打“√”，否则请打“×”	
1. 我喜欢把一件事情做完后再做另一件事	
2. 在工作中我喜欢独自筹划，不愿受别人干涉	
3. 在集体讨论中，我往往保持沉默	
4. 我喜欢做戏剧、音乐、歌舞、新闻采访等方面的工作	
5. 每次写信我都一挥而就，不再重复	
6. 我经常不停地思考某一问题，直到想出正确的答案	
7. 对别人借我的和我借别人的东西，我都能记得很清楚	
8. 我喜欢抽象思维的工作，不喜欢动手的工作	
9. 我喜欢成为人们注意的焦点	
10. 我喜欢不时地夸耀一下自己取得的好成就	
11. 我曾经渴望有机会参加探险	
12. 当我一个独处时，会感到更愉快	
13. 我喜欢在做事情前，对此事情做出细致的安排	
14. 我讨厌修理自行车、电器一类的工作	
15. 我喜欢参加各种各样的聚会	
16. 我愿意从事虽然工资少，但是比较稳定的职业	
17. 音乐能使我陶醉	
18. 我办事很少思前想后	
19. 我喜欢经常请示上级	
20. 我喜欢需要运用智力的游戏	
21. 我很难做那种需要持续集中注意力的工作	
22. 我喜欢亲自动手制作一些东西，从中得到乐趣	

续表

霍兰德职业兴趣测量表	
请根据对每一题目的第一印象作答，不必仔细推敲，答案没有好坏、对错之分。具体填写方法是，根据自己的情况，如果选择“是”，请打“√”，否则请打“×”	
23. 我的动手能力很差	
24. 和不熟悉的人交谈对我来说毫不困难	
25. 和别人谈判时，我总是很容易放弃自己的观点	
26. 我很容易结识同性朋友	
27. 对于社会问题，我通常持中庸的态度	
28. 当我开始做一件事情后，即使碰到再多的困难，我也要执着地干下去	
29. 我是一个沉静而不易动感情的人	
30. 当我工作时，我喜欢避免干扰	
31. 我的理想是当一名科学家	
32. 与言情小说相比，我更喜欢推理小说	
33. 有些人太霸道，有时明明知道他们是对的，也要和他们对着干	
34. 我爱幻想	
35. 我总是主动地向别人提出自己的建议	
36. 我喜欢使用榔头一类的工具	
37. 我乐于解除别人的痛苦	
38. 我更喜欢自己下了赌注的比赛或游戏	
39. 我喜欢按部就班地完成要做的工作	
40. 我希望能经常换不同的工作来做	
41. 我总留有充裕的时间去赴约会	
42. 我喜欢阅读自然科学方面的书籍和杂志	
43. 如果掌握一门手艺并能以此为生，我会感到非常满意	
44. 我曾渴望当一名汽车司机	
45. 听别人谈“家中被盗”一类的事，很难引起我的同情	
46. 如果待遇相同，我宁愿当商品推销员，而不愿当图书管理员	
47. 我讨厌跟各类机械打交道	
48. 我小时候经常把玩具拆开，把里面看个究竟	
49. 当接受新任务后，我喜欢以自己的独特方法去完成它	
50. 我有文艺方面的天赋	

续表

霍兰德职业兴趣测量表	
请根据对每一题目的第一印象作答，不必仔细推敲，答案没有好坏、对错之分。具体填写方法是，根据自己的情况，如果选择“是”，请打“√”，否则请打“×”	
51. 我喜欢把一切安排得整整齐齐、井井有条	
52. 我喜欢做一名教师	
53. 和一群人在一起的时候，我总想不出恰当的话来说	
54. 看情感影片时，我常禁不住眼圈红润	
55. 我讨厌学数学	
56. 在实验室里独自做实验会令我寂寞难耐	
57. 对于急躁、爱发脾气的人，我仍能以礼相待	
58. 遇到难解答的问题时，我常常放弃	
59. 大家公认我是一名勤劳踏实的、愿为大家服务的人	
60. 我喜欢在人事部门工作	

结果对照，职业人格的类型（符合以下“是”或“否”答案的记1分，不符合的记0分）：

①常规型（C）：是（7，19，29，39，41，51，57），否（5，18，40）。

②现实型（R）：是（2，13，22，36，43），否（14，23，44，47，48）。

③研究型（I）：是（6，8，20，30，31，42），否（21，55，56，58）。

④管理型（M）：是（11，24，28，35，38，46，60），否（3，16，25）。

⑤社会型（S）：是（26，37，52，59），否（1，12，15，27，45，53）。

⑥艺术型（A）：是（4，9，10，17，33，34，49，50，54），否（32）。

将得分最高的三种类型从高到低排列，得出1个（或2个）3位组合答案，再对照《人格类型与职业环境的匹配》和《测试结果与职业匹配对照表》得出人格类型所匹配的职业。

测试结果与职业匹配对照表

RIA：牙科技术员、陶工、建筑设计员、模型工、细木工、制作链条人员。

RIS：厨师、林务员、跳水员、潜水员、染色员、电器修理、眼镜制作、电工、纺织机器装配工、服务员、装玻璃工人、发电厂工人、焊接工。

RIE：建筑和桥梁工程、环境工程、航空工程、公路工程、电力工程、信号工程、电话工程、一般机械工程、自动工程、矿业工程、海洋工程、交通工程技术人员、制图员、家政经济人员、计量员、农民、农场工人、农业机械操作、清洁工、无线电修理、汽车修理、手表修理、管工、线路装配工、工具仓库管理员。

RIC：船上工作人员、接待员、杂志保管员、牙医助手、制帽工、磨坊工、石匠、机器制造、

机车（火车头）制造、农业机器装配、汽车装配工、缝纫机装配工、钟表装配和检验、电动器具装配、鞋匠、锁匠、货物检验员、电梯机修工、装配工、托儿所所长、钢琴调音员、印刷工、建筑钢铁工作、卡车司机。

RAI：手工雕刻、玻璃雕刻、制作模型人员、家具木工、制作皮革品、手工绣花、手工钩针纺织、排字工作、印刷工作、图画雕刻、装订工。

RSE：消防员、交通巡警、警察、门卫、理发师、房间清洁工、屠夫、锻工、开凿工人、管道安装工、出租汽车驾驶员、货物搬运工、送报员、勘探员、娱乐场所的服务员、起卸机操作工、灭害虫者、电梯操作工、厨房助手。

RSI：纺织工、编织工、农业学校教师、某些职业课程教师（诸如艺术、商业、技术、工艺课程）、雨衣上胶工。

REC：抄水表员、保姆、实验室动物饲养员、动物管理员。

REI：轮船船长、航海领航员、大副、试管实验员。

RES：旅馆服务员、家畜饲养员、渔民、渔网修补工、水手长、收割机操作工、搬运行李工人、公园服务员、救生员、登山导游、火车工程技术员、建筑工作、铺轨工人。

RCI：测量员、勘测员、仪表操作者、农业工程技术、化学工程技师、民用工程技师、石油工程技师、资料室管理员、探矿工、煅烧工、烧窑工、矿工、

炮手、保养工、磨床工、取样工、样品检验员、纺纱工、漂洗工、电焊工、锯木工、刨床工、制帽工、手工缝纫工、油漆工、染色工、按摩工、木匠、农民建筑工作、电影放映员、勘测员助手。

RCS：公共汽车驾驶员、一等水手、游泳池服务员、裁缝、建筑工作、石匠、烟囱修建工、混凝土工、电话修理工、爆炸手、邮递员、矿工、裱糊工人、纺纱工。

RCE：打井工、吊车驾驶员、农场工人、邮件分类员、铲车司机、拖拉机司机。

IAS：普通经济学家、农场经济学家、财政经济学家、国际贸易经济学家、实验心理学家、工程心理学家、心理学家、哲学家、内科医生、数学家。

IAR：人类学家、天文学家、化学家、物理学家、医学病理、动物标本剥制者、化石修复者、艺术品管理者。

ISE：营养学家、饮食顾问、火灾检查员、邮政服务检查员。

ISC：侦察员、电视播音室修理员、电视修理服务员、验尸室人员、编目录者、医学实验定技师、调查研究者。

ISR：水生生物学者、昆虫学者、微生物学家、配镜师、矫正视力者、细菌学家、牙科医生、骨科医生。

ISA：实验心理学家、普通心理学家、发展心理学家、教育心理学家、社会心理学家、临床心理学家、目标学家、皮肤病学家、精神病学家、妇产科医师、眼科医生、五官科医生、医学实验室技术专家、民航医务人员、护士。

IES：细菌学家、生理学家、化学专家、地质专家、地理物理学专家、纺织技术专家、医院药剂师、工业药剂师、药房营业员。

IEC：档案保管员、保险统计员。

ICR：质量检验技术员、地质学技师、工程师、法官、图书馆技术辅导员、计算机操作员、家禽检查员。

IRA：地理学家、地质学家、声学物理学家、矿物学家、古生物学家、石油学家、地震学家、声学物理学家、气象学家、原子和分子物理学家、电学和磁学物理学家、设计审核员、人口统计学家、数学统计学家、外科医生、城市规划家、气象员。

IRS：流体物理学家、物理海洋学家、等离子体物理学家、农业科学家、动物学家、食品科学家、园艺学家、植物学家、细菌学家、解剖学家、动物病理学家、作物病理学家、药物学家、生物化学家、生物物理学家、细胞生物学家、临床化学家、遗传学家、分子生物学家、质量控制工程师、地理学家、兽医、放射性治疗技师。

IRE：化验员、化学工程师、纺织工程师、食品技师、渔业技术专家、材料和测试工程师、电气工程师、土木工程师、航空工程师、行政官员、冶金专家、原子核工程师、陶瓷工程师、地质工程师、电力工程量、口腔科医生、牙科医生。

IRC：飞机领航员、飞行员、物理实验室技师、文献检查员、农业技术专家、生物技师、动植物技术专家、油管检查员、工商业规划者、矿藏安全检查员、纺织品检验员、照相机修理者、工程技术员、编计算程序者、工具设计者、仪器维修工。

CRI：簿记员、会计、记时员、铸造机操作工、打字员、按键操作工、复印机操作工。

CRS：仓库保管员、档案管理员、缝纫工、讲述员、收款人。

CRE：标价员、实验室工作者、广告管理员、自动打字机操作员、电动机装配工、缝纫机操作工。

CIS：记账员、顾客服务员、报刊发行员、土地测量员、保险公司职员、会计师、估价员、邮政检查员、外贸检查员。

CIE：打字员、统计员、支票记录员、订货员、校对员、办公室工作人员。

CIR：校对员、工程职员、海底电报员、检修计划员、发报员。

CSE：接待员、通讯员、电话接线员、售票员、旅馆服务员、私人职员、商学教师、旅游办事员。

CSR：运货代理商、铁路职员、交通检查员、办公室通信员、簿记员、出纳员、银行财务职员。

CSA：秘书、图书管理员、办公室办事员。

CER：邮递员、数据处理员、办公室办事员。

CEI：推销员、经济分析家。

CES：银行会计、记账员、法人秘书、速记员、法院报告人。

ECI：银行行长、审计员、信用管理员、地产管理员、商业管理员。

ECS：信用办事员、保险人员、各类进货员、海关服务经理、售货员、采购员、会计。

ERI：建筑物管理员、工业工程师、护士长、农场管理员、农业经营管理人员。

ERS：仓库管理员、房屋管理员、货栈监督管理员。

ERC：邮政局长、渔船船长、机械操作领班、木工领班、瓦工领班、驾驶员领班。

EIR：科学、技术和有关周期出版物的管理员。

EIC：专利代理人、鉴定人、运输服务检查员、安全检查员、废品收购人员。

EIS：警官、侦察员、交通检验员、安全咨询员、合同管理者、商人。

EAS：法官、律师、公证人。

EAR：展览室管理员、舞台管理员、播音员、驯兽员。

ESC：理发师、裁判员、政府行政管理员、财政管理员、工程管理员、售货员、职业病防治、商业经理、办公室主任、人事负责人、调度员。

ESR：家具售货员、书店售货员、公共汽车的驾驶员、日用品售货员、护士长、自然科学和工程的行政领导。

ESI：博物馆管理员、图书馆管理员、古迹管理员、饮食业经理、地区安全服务管理员、技术服务咨询者、超级市场管理员、零售商品店店员、批发商、出租汽车服务站调度。

ESA：博物馆馆长、报刊管理员、音乐器材售货员、广告商售画营业员、导游、（轮船或班机上的）事务长、飞机上的服务员、船员、法官、律师。

ASE：戏剧导演、舞蹈教师、广告撰稿人，报刊、专栏作者、记者、演员、英语翻译。

ASI：音乐教师、乐器教师、美术教师、管弦乐指挥，合唱队指挥、歌星、演奏家、哲学家、作家、广告经理、时装模特。

AER：新闻摄影师、电视摄影师、艺术指导、录音指导、丑角演员、魔术师、木偶戏演员、骑士、跳水员。

AEI：音乐指挥、舞台指导、电影导演。

AES：流行歌手、舞蹈演员、电影导演、广播节目主持人、舞蹈教师、口技表演者、喜剧演员、模特。

AIS：画家、剧作家、编辑、评论家、时装艺术大师、新闻摄影师、文学作者。

AIE：花匠、皮衣设计师、工业产品设计师、剪影艺术家、复制雕刻品大师。

AIR：建筑师、画家、摄影师、绘图员、雕刻家、环境美化工、包装设计师、绣花工、陶器设计师、漫画工。

SEC：社会活动家、退伍军人服务官员、工商会事务代表、教育咨询者、宿舍管理员、旅馆经理、饮食服务管理员。

SER：体育教练、游泳指导。

SEI：大学校长、学院院长、医院行政管理员、历史学家、家政经济学家、职业学校教师、资料员。

SEA：娱乐活动管理员、国外服务办事员、社会服务助理、一般咨询者、宗教教育工作者。

SCE：部长助理、福利机构职员、生产协调人、环境卫生管理人员、剧院经理、餐馆经理、售票员。

SRI：外科医师助手、医院服务员。

SRE：体育教师、职业病治疗者、体育教练、专业运动员、房管员、儿童家庭教师、警察、引座员、传达员、保姆。

SRC：护理员、护理助理、医院勤杂工、理发师、学校儿童服务人员。

SIA：社会学家、心理咨询者、学校心理学家、政治科学家、大学或学院的系主任、大学或学院的教育学教师、大学农业教师、大学法律教师、大学工程和建筑课程的教师、生命科学教师、研究生助教、成人教育教师。

SIE：营养学家、饮食学家、海关检查员、安全检查员、税务稽查员、校长。

SIC：描图员、兽医助手、诊所助理、体检检查员、娱乐指导者、监督缓刑犯的工作者、咨询人员、社会科学教师。

SIR：理疗员、救护队工作人员、手足病医生、职业病治疗助手。

附录 2　假期类别及相关规定

类别	假期时长及相关规定（国家）
法定节假日	2019 年 8 月 2 日中华人民共和国人力资源和社会保障部发布《我国法定年节假日等休假相关标准》，明确休息日、法定节假日、年休假、探亲假、婚丧假五类休假标准。其中，现行法定年节假日标准为 11 天。全体公民放假的节日：新年放假 1 天；春节放假 3 天；清明节放假 1 天；劳动节放假 1 天；端午节放假 1 天；中秋节放假 1 天；国庆节放假 3 天
年休假	关于年假的相关规定，根据《职工带薪年休假条例》第二条：机关、团体、企业、事业单位、民办非企业单位、有雇工的个体工商户等单位的职工连续工作 1 年以上的，享受带薪年休假（以下简称年休假）。单位应当保证职工享受年休假。职工在年休假期间享受与正常工作期间相同的工资收入 《职工带薪年休假条例》第三条：职工累计工作已满 1 年不满 10 年的，年休假 5 天；职工累计工作已满 10 年不满 20 年的，年休假 10 天；职工累计工作已满 20 年的，年休假 15 天。 国家法定休假日、休息日不计入年休假的假期
探亲假	探亲假未婚职工每年 1 次，假期 20 天；已婚职工每 4 年 1 次，假期 20 天
婚假	2016 年 6 月，29 个省取消了原有的晚婚假，其中有 11 个省份删除了相关晚婚假的条例，与国家法律规定保持一致，仅有三天法定婚假。这些省份、自治区、直辖市包括广东、湖北、四川、浙江、江西、宁夏、广西、安徽、湖南、天津、山东
丧假	丧假指的是根据原国家劳动总局、财政部《关于国营企业职工请婚丧假和路程假问题的规定》，国有企业职工的直系亲属死亡时，企业应该根据具体情况，酌情给予职工 1~3 天的丧假。直系亲属，指和自己有直接血缘关系或婚姻关系的人，如配偶、父母、子女 如果职工死亡的直系亲属在外地，需要职工本人去外地料理丧事的，企业应该根据路程远近，另外给予职工路程假。职工在休丧假和路程假期间，企业均应当照常发放职工的工资。职工在途中的车船费等，由职工本人自理

续表

类别	假期时长及相关规定（国家）
产假	产假及其生育津贴相关规定如下： 《女职工劳动保护特别规定》部分内容 第七条　女职工生育享受98天产假，其中产前可以休假15天；难产的，增加产假15天；生育多胞胎的，每多生育1个婴儿，增加产假15天 女职工怀孕未满4个月流产的，享受15天产假；怀孕满4个月流产的，享受42天产假 第八条　女职工产假期间的生育津贴，对已经参加生育保险的，按照用人单位上年度职工月平均工资的标准由生育保险基金支付；对未参加生育保险的，按照女职工产假前工资的标准由用人单位支付 女职工生育或者流产的医疗费用，按照生育保险规定的项目和标准，对已经参加生育保险的，由生育保险基金支付；对未参加生育保险的，由用人单位支付
孕期检查假	国家规定女职工怀孕后享有产检假规，在规定的范围内，孕妇去医院进行产检，算正常出勤对待，具体的规定如下：怀孕第1~6个月，每月可享受1天假期，用于妊娠确认以及健康培训等；怀孕第6~7个月，每个月可享受1天假期；怀孕第8个月，每月可享受2天假期；怀孕9个月以上，每月可享受4天假期，但其中2天已包括在预产假中
哺乳假	哺乳假相关法律规定如下： 《女职工劳动保护特别规定》部分内容 第九条　对哺乳未满1周岁婴儿的女职工，用人单位不得延长劳动时间或者安排夜班劳动 用人单位应当在每天的劳动时间内为哺乳期女职工安排1小时哺乳时间；女职工生育多胞胎的，每多哺乳1个婴儿每天增加1小时哺乳时间 第十条　女职工比较多的用人单位应当根据女职工的需要，建立女职工卫生室、孕妇休息室、哺乳室等设施，妥善解决女职工在生理卫生、哺乳方面的困难
护理假	护理假又名陪产假、陪护假，即依法登记结婚的夫妻，女方在享受产假期间，男方享受的有一定时间看护、照料对方的权利。《劳动法》等相关法律法规并未对陪产假做出明确的规定，具体要看各省、自治区、直辖市的实际规定，基本都见于各地的计划生育条例中，法律地位也不高。当然，还存在有的地方有陪产假，有的地方没有陪产假的情况
难产假	难产增加15天
节育手术假	1. 取消晚婚晚育假期。凡符合婚姻法规定的休婚假3天 2. 宫内放节育环：自手术之日起休假3天，7日内不得安排重体力活 3. 取节育环：休息1天 4. 计划生育人流及引产：怀孕未满4个月流产的，享受15天产假；怀孕满4个月流产的，享受42天产假 5. 产假：2016年取消了晚育假期、独生子女假期，但是符合法律、法规规定生育子女的夫妻，可以获得延长生育假的奖励或者其他福利待遇。虽然各省份的标准都不同，但大多数省份除了国家规定的98天之外，延长产假60天，还明确规定配偶的陪产假

附录3　中华人民共和国劳动法

(1994年7月5日第八届全国人民代表大会常务委员会第八次会议通过　根据2009年8月27日第十一届全国人民代表大会常务委员会第十次会议《关于修改部分法律的决定》第一次修正　根据2018年12月29日第十三届全国人民代表大会常务委员会第七次会议《关于修改〈中华人民共和国劳动法〉等七部法律的决定》第二次修正)

第一章　总则

第一条　为了保护劳动者的合法权益，调整劳动关系，建立和维护适应社会主义市场经济的劳动制度，促进经济发展和社会进步，根据宪法，制定本法。

第二条　在中华人民共和国境内的企业、个体经济组织（以下统称用人单位）和与之形成劳动关系的劳动者，适用本法。

国家机关、事业组织、社会团体和与之建立劳动合同关系的劳动者，依照本法执行。

第三条　劳动者享有平等就业和选择职业的权利、取得劳动报酬的权利、休息休假的权利、获得劳动安全卫生保护的权利、接受职业技能培训的权利、享受社会保险和福利的权利、提请劳动争议处理的权利以及法律规定的其他劳动权利。

劳动者应当完成劳动任务，提高职业技能，执行劳动安全卫生规程，遵守劳动纪律和职业道德。

第四条　用人单位应当依法建立和完善规章制度，保障劳动者享有劳动权利和履行劳动义务。

第五条　国家采取各种措施，促进劳动就业，发展职业教育，制定劳动标准，调节社会收入，完善社会保险，协调劳动关系，逐步提高劳动者的生活水平。

第六条　国家提倡劳动者参加社会主义义务劳动，开展劳动竞赛和合理化建议活动，鼓励和保护劳动者进行科学研究、技术革新和发明创造，表彰和奖励劳动模范和先进工作者。

第七条　劳动者有权依法参加和组织工会。

工会代表和维护劳动者的合法权益，依法独立自主地开展活动。

第八条　劳动者依照法律规定，通过职工大会、职工代表大会或者其他形式，参与民主管理或者就保护劳动合法权益与用人单位进行平等协商。

第九条　国务院劳动行政部门主管全国劳动工作。

县级以上地方人民政府劳动行政部门主管本行政区域内的劳动工作。

第二章　促进就业

第十条　国家通过促进经济和社会发展，创造就业条件，扩大就业机会。

国家鼓励企业、事业组织、社会团体在法律、行政法规规定的范围内兴办产业或者拓展经营，增加就业。

国家支持劳动者自愿组织起来就业和从事个体经营实现就业。

第十一条　地方各级人民政府应当采取措施，发展多种类型的职业介绍机构，提供就业服务。

第十二条　劳动者就业，不因民族、种族、性别、宗教信仰不同而受歧视。

第十三条　妇女享有与男子平等的就业权利。在录用职工时，除国家规定的不适合妇女的工种或者岗位外，不得以性别为由拒绝录用妇女或者提高对妇女的录用标准。

第十四条　残疾人、少数民族人员、退出现役的军人的就业，法律、法规有特别规定的，从其规定。

第十五条　禁止用人单位招用未满十六岁的未成年人。

文艺、体育和特种工艺单位招用未满十六周岁的未成年人，必须遵守国家有关规定，履行审批手续，并保障其接受义务教育的权利。

第三章　劳动合同和集体合同

第十六条　劳动合同是劳动者与用人单位确立劳动关系、明确双方权利和义务的协议。

建立劳动关系应当订立劳动合同。

第十七条　订立和变更劳动合同，应当遵循平等自愿、协商一致的原则，不得违反法律、行政法规的规定。

劳动合同依法订立即具有法律约束力，当事人必须履行劳动合同规定的义务。

第十八条　下列劳动合同无效：

（一）违反法律、行政法规的劳动合同；

（二）采取欺诈、威胁等手段订立的劳动合同。

无效的劳动合同，从订立的时候起，就没有法律约束力。确认劳动合同部分无效的，如果不影响其余部分的效力，其余部分仍然有效。

劳动合同的无效，由劳动争议仲裁委员会或者人民法院确认。

第十九条　劳动合同应当以书面形式订立，并具备以下条款：

（一）劳动合同期限；

（二）工作内容；

（三）劳动保护和劳动条件；

（四）劳动报酬；

（五）劳动纪律；

（六）劳动合同终止的条件；

（七）违反劳动合同的责任。

劳动合同除前款规定的必备条款外，当事人可以协商约定其他内容。

第二十条　劳动合同的期限分为有固定期限、无固定期限和以完成一定的工作为期限。

劳动者在同一用人单位连续工作满十年以上，当事人双方同意续延劳动合同的，如果劳动者提出订立无固定限期的劳动合同，应当订立无固定限期的劳动合同。

第二十一条　劳动合同可以约定试用期。试用期最长不得超过六个月。

第二十二条　劳动合同当事人可以在劳动合同中约定保守用人单位商业秘密的有关事项。

第二十三条　劳动合同期满或者当事人约定的劳动合同终止条件出现，劳动合同即行终止。

第二十四条　经劳动合同当事人协商一致，劳动合同可以解除。

第二十五条　劳动者有下列情形之一的，用人单位可以解除劳动合同：

（一）在试用期间被证明不符合录用条件的；

（二）严重违反劳动纪律或者用人单位规章制度的；

（三）严重失职、营私舞弊，对用人单位利益造成重大损害的；

（四）被依法追究刑事责任的。

第二十六条　有下列情形之一的，用人单位可以解除劳动合同，但是应当提前三十日以书面形式通知劳动者本人：

（一）劳动者患病或者非因工负伤，医疗期满后，不能从事原工作也不能从事由用人单位另行安排的工作的；

（二）劳动者不能胜任工作，经过培训或者调整工作岗位，仍不能胜任工作的；

（三）劳动合同订立时所依据的客观情况发生重大变化，致使原劳动合同无法履行，经当事人协商不能就变更劳动合同达成协议的。

第二十七条　用人单位濒临破产进行法定整顿期间或者生产经营状况发生严重困难，确需裁减人员的，应当提前三十日向工会或者全体员工说明情况，听取工会或者职工的意见，经向劳动行政部门报告后，可以裁减人员。

用人单位依据本条规定裁减人员，在六个月内录用人员的，应当优先录用被裁减人员。

第二十八条　用人单位依据本法第二十四条、第二十六条、第二十七条的规定解除劳动合同的，应当依照国家有关规定给予经济补偿。

第二十九条　劳动者有下列情形之一的，用人单位不得依据本法第二十六条、第二十七条的规定解除劳动合同：

（一）患职业病或者因工负伤并被确认丧失或者部分丧失劳动能力的；

（二）患病或者负伤，在规定的医疗期内的；

（三）女职工在孕期、产期、哺乳期的；

（四）法律、行政法规规定的其他情形。

第三十条　用人单位解除劳动合同，工会认为不适当的，有权提出意见。如果用人单位违反法律、法规或者劳动合同，工会有权要求重新处理；劳动者申请仲裁或者提起诉讼的，工会应当依法给予支持和帮助。

第三十一条　劳动者解除劳动合同，应当提前三十日以书面形式通知用人单位。

第三十二条　有下列情形之一的，劳动者可以随时通知用人单位解除劳动合同：

（一）在试用期内的；

（二）用人单位以暴力、威胁或者非法限制人身自由的手段强迫劳动的；

（三）用人单位未按照劳动合同约定支付劳动报酬或者提供劳动条件的。

第三十三条　企业职工一方与企业可以就劳动报酬、工作时间、休息休假、劳动安全卫生、保险福利等事项，签订集体合同。集体合同草案应当提交职工代表大会或者全体职工讨论通过。

集体合同由工会代表职工与企业签订；没有建立工会的企业，由职工推举的代表与企业签订。

第三十四条　集体合同签订后应当报送劳动行政部门；劳动行政部门自收到集体合同文本之日起十五日内未提出异议的，集体合同即行生效。

第三十五条　依法签订的集体合同对企业和企业全体职工具有约束力。职工个人与企业订立的劳动合同中劳动条件和劳动报酬等标准不得低于集体合同的规定。

第四章　工作时间和休息休假

第三十六条　国家实行劳动者每日工作时间不超过八小时、平均每周工作时间不超过四十四小时的工时制度。

第三十七条　对实行计件工作的劳动者，用人单位应当根据本法第三十六条规定的工时制度合理确定其劳动定额和计件报酬标准。

第三十八条　用人单位应当保证劳动者每周至少休息一日。

第三十九条　企业应生产特点不能实行本法第三十六条、第三十八条规定的，经劳动行政部门批准，可以实行其他工作和休息办法。

第四十条　用人单位在下列节日期间应当依法安排劳动者休假：

（一）元旦；

（二）春节；

（三）国际劳动节；

（四）国庆节；

（五）法律、法规规定的其他休假节日。

第四十一条　用人单位由于生产经营需要，经与工会和劳动者协商后可以延长工作时间，一般每日不得超过一小时；因特殊原因需要延长工作时间的在保障劳动者身体健康的条件下延长工作时间每日不得超过三小时，但是每月不得超过三十六小时。

第四十二条　有下列情形之一的，延长工作时间不受本法第四十一条规定的限制：

（一）发生自然灾害、事故或者因其他原因，威胁劳动者生命健康和财产安全，需要紧急处理的；

（二）生产设备、交通运输线路、公共设施发生故障，影响生产和公众利益，必须及时抢修的；

（三）法律、行政法规规定的其他情形。

第四十三条　用人单位不得违反本法规定延长劳动者的工作时间。

第四十四条　有下列情形之一的，用人单位应当按照下列标准支付高于劳动者正常工作时间工资的工资报酬：

（一）安排劳动者延长时间的，支付不低于工资的百分之一百五十的工资报酬；

（二）休息日安排劳动者工作又不能安排补休的，支付不低于工资的百分之二百的工资报酬；

（三）法定休假日安排劳动者工作的，支付不低于工资的百分之三百的工资报酬。

第四十五条　国家实行带薪年休假制度。

劳动者连续工作一年以上的，享受带薪年休假。具体办法由国务院规定。

第五章　工资

第四十六条　工资分配应当遵循按劳分配原则，实行同工同酬。

工资水平在经济发展的基础上逐步提高。国家对工资总量实行宏观调控。

第四十七条　用人单位根据本单位的生产经营特点和经济效益，依法自主确定本单位的工资分配方式和工资水平。

第四十八条　国家实行最低工资保障制度。最低工资的具体标准由省、自治区、直辖市人民政府规定，报国务院备案。

用人单位支付劳动者的工资不得低于当地最低工资标准。

第四十九条　确定和调整最低工资标准应当综合参考下列因素：

（一）劳动者本人及平均赡养人口的最低生活费用；

（二）社会平均工资水平；

（三）劳动生产率；

（四）就业状况；

（五）地区之间经济发展水平的差异。

第五十条　工资应当以货币形式按月支付给劳动者本人。不得克扣或者无故拖欠劳动者的工资。

第五十一条　劳动者在法定休假日和婚丧假期间以及依法参加社会活动期间，用人单位应当依法支付工资。

第六章　劳动安全卫生

第五十二条　用人单位必须建立、健全劳动卫生制度，严格执行国家劳动安全卫生规程和标准，对劳动者进行劳动安全卫生教育，防止劳动过程中的事故，减少职业危害。

第五十三条　劳动安全卫生设施必须符合国家规定的标准。

新建、改建、扩建工程的劳动安全卫生设施必须与主题同时设计、同时施工、同时投入生产和使用。

第五十四条　用人单位必须为劳动者提供符合国家规定的劳动安全卫生条件和必要的劳动防护用品，对从事有职业危害作业的劳动者应当定期进行健康检查。

第五十五条　从事特种作业的劳动者必须经过专门培训并取得特种作业资格。

第五十六条　劳动者在劳动过程中必须严格遵守安全操作规程。

劳动者对用人单位管理人员违章指挥、强令冒险作业，有权拒绝执行；对危害生命安全和身体健康的行为，有权提出批评、检举和控告。

第五十七条　国家建立伤亡和职业病统计报告和处理制度。县级以上各级人民政府劳动行政部门、有关部门和用人单位应当依法对劳动者在劳动过程中发生的伤亡事故和劳动者的职业病状况，进行统计、报告和处理。

第七章　女职工和未成年工特殊保护

第五十八条　国家对女职工和未成年工实行特殊劳动保护。

未成年工是指年满十六周岁未满十八周岁的劳动者。

第五十九条　禁止安排女职工从事矿山井下、国家规定的第四级体力劳动强度的劳动和其他禁忌从事的劳动。

第六十条　不得安排女职工在经期从事高处、低温、冷水作业和国家规定的第三级体力劳动强度的劳动。

第六十一条　不得安排女职工在怀孕期间从事国家规定的第三级体力劳动强度的劳动和孕期禁忌从事的劳动。对怀孕七个月以上的女职工，不得安排其延长工作时间和夜班劳动。

第六十二条　女职工生育享受不少于九十天的产假。

第六十三条　不得安排女职工在哺乳未满一周岁的婴儿期间从事国家规定的第三级体力劳动强度的劳动和哺乳期禁忌从事的其他劳动，不得安排其延长工作时间和夜班劳动。

第六十四条　不得安排未成年工从事矿山井下、有毒有害、国家规定的第四级体力劳动强度的劳动和其他禁忌从事的劳动。

第六十五条　用人单位应当对未成年工定期进行健康检查。

第八章　职业培训

第六十六条　国家通过各种途径，采取各种措施，发展职业培训事业，开发劳动者的职业技能，提高劳动者素质，增强劳动者的就业能力和工作能力。

第六十七条　各级人民政府应当把发展职业培训纳入社会经济发展的规划，鼓励和支持有条件的企业、事业组织、社会团体和个人进行各种形式的职业培训。

第六十八条　用人单位应当建立职业培训制度，按照国家规定提取和使用职业培训经费，根据本单位实际，有计划地对劳动者进行职业培训。

从事技术工种的劳动者，上岗前必须经过培训。

第六十九条　国家确定职业分类，对规定的职业制度职业技能标准，实行职业资格证书制度，由经备案的考核鉴定机构负责对劳动者实施职业技能考核鉴定。

第九章　社会保险和福利

第七十条　国家发展社会保险，建立社会保险制度，设立社会保险基金，使劳动者在年老、患病、工伤、失业、生育等情况下获得帮助和补偿。

第七十一条　社会保险水平应当与社会经济发展水平和社会承受能力相适应。

第七十二条　社会保险基金按照保险类型确定资金来源，逐步实行社会统筹。用人单位和劳动者必须依法参加社会保险，缴纳社会保险费。

第七十三条　劳动者在下列情形下，依法享受社会保险待遇：

（一）退休；

（二）患病；

（三）因工伤残或者患职业病；

（四）失业；

（五）生育。

劳动者死亡后，其遗属依法享受遗属津贴。

劳动者享受社会保险待遇的条件和标准由法律、法规规定。

劳动者享受的社会保险金必须按时足额支付。

第七十四条　社会保险基金经办机构依照法律规定收支、管理和运营社会保险基金，并负有使社会保险基金保值增值的责任。

社会保险基金监督机构依照法律规定，对社会保险基金的收支、管理和运营实施监督。

社会保险基金经办机构和社会保险基金监督机构的设立和职能由法律规定。

任何组织和个人不得挪用社会保险基金。

第七十五条　国家鼓励用人单位根据本单位实际情况为劳动者建立补充保险。

国家提倡劳动者个人进行储蓄性保险。

第七十六条　国家发展社会福利事业，兴建公共福利设施，为劳动者休息、休养和疗养提供条件。

用人单位应当创造条件，改善集体福利，提高劳动者的福利待遇。

第十章　劳动争议

第七十七条　用人单位与劳动者发生劳动争议，当事人可以依法申请调解、仲裁、提起诉讼，也可以协商解决。

调解原则适用于仲裁和诉讼程序。

第七十八条　解决劳动争议，应当根据合法、公正、及时处理的原则，依法维护劳动争议当事人的合法权益。

第七十九条　劳动争议发生后，当事人可以向本单位劳动争议调解委员会申请调解；调解不成，当事人一方要求仲裁的，可以向劳动争议仲裁委员会申请仲裁。当事人一方也可以直接向劳动争议仲裁委员会申请仲裁。对仲裁裁决不服的，可以向人民法院提出诉讼。

第八十条　在用人单位内，可以设立劳动争议调解委员会。劳动争议调解委员会由职工代表、用人单位代表和工会代表组成。劳动争议调解委员会主任由工会代表担任。

劳动争议经调解达成协议的，当事人应当履行。

第八十一条　劳动争议仲裁委员会由劳动行政部门代表、同级工会代表、用人单位代表方面的代表组成。劳动争议仲裁委员会主任由劳动行政部门代表担任。

第八十二条　提出仲裁要求的一方应当自劳动争议发生之日起六十日内向劳动争议仲裁委员会提出书面申请。仲裁裁决一般应在收到仲裁申请的六十日内作出。对仲裁裁决无异议的，当事人必须履行。

第八十三条　劳动争议当事人对仲裁裁决不服的，可以自收到仲裁裁决书之日起十五日内向人民法院提起诉讼。一方当事人在法定期限内不起诉又不履行仲裁裁决的，另一方当事人可以申请强制执行。

第八十四条　因签订集体合同发生争议，当事人协商解决不成的，当地人民政府劳动行政部门可以组织有关各方协调处理。

因履行集体合同发生争议，当事人协商解决不成的，可以向劳动争议仲裁委员会申请仲裁；对仲裁裁决不服的，可以自收到仲裁裁决书之日起 15 日内向人民法院提出诉讼。

第十一章　监督检查

第八十五条　县级以上各级人民政府劳动行政部门依法对用人单位遵守劳动法律、法规的情况进行监督检查，对违反劳动法律、法规的行为有权制止，并责令改正。

第八十六条　县级以上各级人民政府劳动行政部门监督检查人员执行公务，有权进入用人单位了解执行劳动法律、法规的情况，查阅必要的资料，并对劳动场所进行检查。

县级以上各级人民政府劳动行政部门监督检查人员执行公务，必须出示证件，秉公执法并遵守有关规定。

第八十七条　县级以上各级人民政府有关部门在各自职责范围内，对用人单位遵守劳动法律、法规的情况进行监督。

第八十八条　各级工会依法维护劳动者的合法权益，对用人单位遵守劳动法律、法规的情况进行监督。

任何组织和个人对于违反劳动法律、法规的行为有权检举和控告。

第十二章　法律责任

第八十九条　用人单位制定的劳动规章制度违反法律、法规规定的，由劳动行政部门给予警告，责令改正；对劳动者造成损害的，应当承担赔偿责任。

第九十条　用人单位违反本法律规定，延长劳动者工作时间的，由劳动行政部门给予警告，责令改正，并可以处以罚款。

第九十一条　用人单位有下列侵害劳动者合法权益情形之一的，由劳动行政部门责令支付劳动者的工资报酬、经济补偿，并可以责令支付赔偿金：

（一）克扣或者无故拖欠劳动者工资的；

（二）拒不支付劳动者延长工作时间工资报酬的；

（三）低于当地最低工资标准支付劳动者工资的；

（四）解除劳动合同后，未依照本法规定给予劳动者经济补偿的。

第九十二条　用人单位的劳动安全设施和劳动卫生条件不符合国家规定或者未向劳动者提供必要的劳动防护用品和劳动保护设施的，由劳动行政部门或者有关部门责令改正，可以处以罚款；情节严重的，提请县级以上人民政府决定责令停产整顿；对事故隐患不采取措施，致使发生重大事故，造成劳动者生命和财产损失的，对责任人员依照刑法有关规定追究刑事责任。

第九十三条　用人单位强令劳动者违章冒险作业，发生重大伤亡事故，造成严重后果的，对责任人员依法追究刑事责任。

第九十四条　用人单位非法招用未满十六周岁的未成年人的，由劳动行政部门责令改正，处以罚款；情节严重的，由市场监督管理部门吊销营业执照。

第九十五条　用人单位违反本法对女职工和未成年工的保护规定，侵害其合法权益的，由劳动行政部门责令改正，处以罚款；对女职工或者未成年工造成损害的，应当承担赔偿责任。

第九十六条　用人单位有下列行为之一，由公安机关对责任人员处以十五日以下拘留、罚款或者警告；构成犯罪的，对责任人员依法追究刑事责任：

（一）以暴力、威胁或者非法限制人身自由的手段强迫劳动的；

（二）侮辱、体罚、殴打、非法搜查和拘禁劳动者的。

第九十七条　由于用人单位的原因订立的无效合同，对劳动者造成损害的，应当承担赔偿责任。

第九十八条　用人单位违反本法规定的条件解除劳动合同或者故意拖延不订立劳动合同的，由劳动行政部门责令改正；对劳动者造成损害的，应当承担赔偿责任。

第九十九条　用人单位招用尚未解除劳动合同的劳动者，对原用人单位造成经济损失的，该用人单位应当依法承担连带赔偿责任。

第一百条　用人单位无故不缴纳社会保险费的，由劳动行政部门责令其限期缴纳；逾期不缴的，可以加收滞纳金。

第一百零一条　用人单位无理阻挠劳动行政部门、有关部门及其工作人员行使监督检查权，打击报复举报人员的，由劳动行政部门或者有关部门处以罚款；构成犯罪的，对责任人员依法追究刑事责任。

第一百零二条　劳动者违反本法规定的条件解除劳动合同或者违反劳动合同中约定的保密事项，对用人单位造成经济损失的，应当依法承担赔偿责任。

第一百零三条　劳动行政部门或者有关部门的工作人员滥用职权、玩忽职守、徇私舞弊，构成犯罪的，依法追究刑事责任；不构成犯罪的，给予行政处分。

第一百零四条　国家工作人员和社会保险基金经办机构的工作人员挪用社会保险基金，构成犯罪的，依法追究刑事责任。

第一百零五条　违反本法规定侵害劳动者合法权益，其他法律、行政法规已规定处罚的，依照该法律、行政法规的规定处罚。

第十三章　附则

第一百零六条　省、自治区、直辖市人民政府根据本法和本地区的实际情况，规定劳动合同制度的实施步骤，报国务院备案。

第一百零七条　本法自 1995 年 1 月 1 日起施行。

附录4　中华人民共和国劳动合同法实施条例

（2008年9月3日国务院第25次常务会议通过，2008年9月18日中华人民共和国国务院令第535号公布，自公布之日起施行）

第一章　总　则

第一条　为了贯彻实施《中华人民共和国劳动合同法》（以下简称劳动合同法），制定本条例。

第二条　各级人民政府和县级以上人民政府劳动行政等有关部门以及工会等组织，应当采取措施，推动劳动合同法的贯彻实施，促进劳动关系的和谐。

第三条　依法成立的会计师事务所、律师事务所等合伙组织和基金会，属于劳动合同法规定的用人单位。

第二章　劳动合同的订立

第四条　劳动合同法规定的用人单位设立的分支机构，依法取得营业执照或者登记证书的，可以作为用人单位与劳动者订立劳动合同；未依法取得营业执照或者登记证书的，受用人单位委托可以与劳动者订立劳动合同。

第五条　自用工之日起一个月内，经用人单位书面通知后，劳动者不与用人单位订立书面劳动合同的，用人单位应当书面通知劳动者终止劳动关系，无需向劳动者支付经济补偿，但是应当依法向劳动者支付其实际工作时间的劳动报酬。

第六条　用人单位自用工之日起超过一个月不满一年未与劳动者订立书面劳动合同的，应当依照劳动合同法第八十二条的规定向劳动者每月支付两倍的工资，并与劳动者补订书面劳动合同；劳动者不与用人单位订立书面劳动合同的，用人单位应当书面通知劳动者终止劳动关系，并依照劳动合同法第四十七条的规定支付经济补偿。

前款规定的用人单位向劳动者每月支付两倍工资的起算时间为用工之日起满一个月的次日，截止时间为补订书面劳动合同的前一日。

第七条　用人单位自用工之日起满一年未与劳动者订立书面劳动合同的，自用工之日起满一个月的次日至满一年的前一日应当依照劳动合同法第八十二条的规定向劳动者每月支付两倍的工资，并视为自用工之日起满一年的当日已经与劳动者订立无固定期限劳动合同，应当立即与劳动者补订书面劳动合同。

第八条　劳动合同法第七条规定的职工名册，应当包括劳动者姓名、性别、公民身份号码、户籍地址及现住址、联系方式、用工形式、用工起始时间、劳动合同期限等内容。

第九条　劳动合同法第十四条第二款规定的连续工作满10年的起始时间，应当自用人单位用工之日起计算，包括劳动合同法施行前的工作年限。

第十条　劳动者非因本人原因从原用人单位被安排到新用人单位工作的，劳动者在原用人单位的工作年限合并计算为新用人单位的工作年限。原用人单位已经向劳动者支付经济补偿的，新用人单位在依法解除、终止劳动合同计算支付经济补偿的工作年限时，不再计算劳动者在原用人单位的工作年限。

第十一条　除劳动者与用人单位协商一致的情形外，劳动者依照劳动合同法第十四条第二款的规定，提出订立无固定期限劳动合同的，用人单位应当与其订立无固定期限劳动合同。对劳动合同的内容，双方应当按照合法、公平、平等自愿、协商一致、诚实信用的原则协商确定；对协商不一致的内容，依照劳动合同法第十八条的规定执行。

第十二条　地方各级人民政府及县级以上地方人民政府有关部门为安置就业困难人员提供的给予岗位补贴和社会保险补贴的公益性岗位，其劳动合同不适用劳动合同法有关无固定期限劳动合同的规定以及支付经济补偿的规定。

第十三条　用人单位与劳动者不得在劳动合同法第四十四条规定的劳动合同终止情形之外约定其他的劳动合同终止条件。

第十四条　劳动合同履行地与用人单位注册地不一致的，有关劳动者的最低工资标准、劳动保护、劳动条件、职业危害防护和本地区上年度职工月平均工资标准等事项，按照劳动合同履行地的有关规定执行；用人单位注册地的有关标准高于劳动合同履行地的有关标准，且用人单位与劳动者约定按照用人单位注册地的有关规定执行的，从其约定。

第十五条　劳动者在试用期的工资不得低于本单位相同岗位最低档工资的80%或者不得低于劳动合同约定工资的80%，并不得低于用人单位所在地的最低工资标准。

第十六条　劳动合同法第二十二条第二款规定的培训费用，包括用人单位为了对劳动者进行专业技术培训而支付的有凭证的培训费用、培训期间的差旅费用以及因培训产生的用于该劳动者的其他直接费用。

第十七条　劳动合同期满，但是用人单位与劳动者依照劳动合同法第二十二条的规定约定的服务期尚未到期的，劳动合同应当续延至服务期满；双方另有约定的，从其约定。

第三章　劳动合同的解除和终止

第十八条　有下列情形之一的，依照劳动合同法规定的条件、程序，劳动者可以与用人单位解除固定期限劳动合同、无固定期限劳动合同或者以完成一定工作任务为期限的劳动合同：

（一）劳动者与用人单位协商一致的；

（二）劳动者提前 30 日以书面形式通知用人单位的；

（三）劳动者在试用期内提前 3 日通知用人单位的；

（四）用人单位未按照劳动合同约定提供劳动保护或者劳动条件的；

（五）用人单位未及时足额支付劳动报酬的；

（六）用人单位未依法为劳动者缴纳社会保险费的；

（七）用人单位的规章制度违反法律、法规的规定，损害劳动者权益的；

（八）用人单位以欺诈、胁迫的手段或者乘人之危，使劳动者在违背真实意思的情况下订立或者变更劳动合同的；

（九）用人单位在劳动合同中免除自己的法定责任、排除劳动者权利的；

（十）用人单位违反法律、行政法规强制性规定的；

（十一）用人单位以暴力、威胁或者非法限制人身自由的手段强迫劳动者劳动的；

（十二）用人单位违章指挥、强令冒险作业危及劳动者人身安全的；

（十三）法律、行政法规规定劳动者可以解除劳动合同的其他情形。

第十九条　有下列情形之一的，依照劳动合同法规定的条件、程序，用人单位可以与劳动者解除固定期限劳动合同、无固定期限劳动合同或者以完成一定工作任务为期限的劳动合同：

（一）用人单位与劳动者协商一致的；

（二）劳动者在试用期间被证明不符合录用条件的；

（三）劳动者严重违反用人单位的规章制度的；

（四）劳动者严重失职，营私舞弊，给用人单位造成重大损害的；

（五）劳动者同时与其他用人单位建立劳动关系，对完成本单位的工作任务造成严重影响，或者经用人单位提出，拒不改正的；

（六）劳动者以欺诈、胁迫的手段或者乘人之危，使用人单位在违背真实意思的情况下订立或者变更劳动合同的；

（七）劳动者被依法追究刑事责任的；

（八）劳动者患病或者非因工负伤，在规定的医疗期满后不能从事原工作，也不能从事由用人单位另行安排的工作的；

（九）劳动者不能胜任工作，经过培训或者调整工作岗位，仍不能胜任工作的；

（十）劳动合同订立时所依据的客观情况发生重大变化，致使劳动合同无法履行，经用人单位与劳动者协商，未能就变更劳动合同内容达成协议的；

（十一）用人单位依照企业破产法规定进行重整的；

（十二）用人单位生产经营发生严重困难的；

（十三）企业转产、重大技术革新或者经营方式调整，经变更劳动合同后，仍需裁减人员的；

（十四）其他因劳动合同订立时所依据的客观经济情况发生重大变化，致使劳动合同无法履行的。

第二十条　用人单位依照劳动合同法第四十条的规定，选择额外支付劳动者一个月工资解除劳动合同的，其额外支付的工资应当按照该劳动者上一个月的工资标准确定。

第二十一条　劳动者达到法定退休年龄的，劳动合同终止。

第二十二条　以完成一定工作任务为期限的劳动合同因任务完成而终止的，用人单位应当依照劳动合同法第四十七条的规定向劳动者支付经济补偿。

第二十三条　用人单位依法终止工伤职工的劳动合同的，除依照劳动合同法第四十七条的规定支付经济补偿外，还应当依照国家有关工伤保险的规定支付一次性工伤医疗补助金和伤残就业补助金。

第二十四条　用人单位出具的解除、终止劳动合同的证明，应当写明劳动合同期限、解除或者终止劳动合同的日期、工作岗位、在本单位的工作年限。

第二十五条　用人单位违反劳动合同法的规定解除或者终止劳动合同，依照劳动合同法第八十七条的规定支付了赔偿金的，不再支付经济补偿。赔偿金的计算年限自用工之日起计算。

第二十六条　用人单位与劳动者约定了服务期，劳动者依照劳动合同法第三十八条的规定解除劳动合同的，不属于违反服务期的约定，用人单位不得要求劳动者支付违约金。

有下列情形之一，用人单位与劳动者解除约定服务期的劳动合同的，劳动者应当按照劳动合同的约定向用人单位支付违约金：

（一）劳动者严重违反用人单位的规章制度的；

（二）劳动者严重失职，营私舞弊，给用人单位造成重大损害的；

（三）劳动者同时与其他用人单位建立劳动关系，对完成本单位的工作任务造成严重影响，或者经用人单位提出，拒不改正的；

（四）劳动者以欺诈、胁迫的手段或者乘人之危，使用人单位在违背真实意思的情况下订立或者变更劳动合同的；

（五）劳动者被依法追究刑事责任的。

第二十七条　劳动合同法第四十七条规定的经济补偿的月工资按照劳动者应得工资计算，包括计时工资或者计件工资以及奖金、津贴和补贴等货币性收入。劳动者在劳动合同解除或者终止前12个月的平均工资低于当地最低工资标准的，按照当地最低工资标准计算。劳动者工作不满12个月的，按照实际工作的月数计算平均工资。

第四章　劳务派遣特别规定

第二十八条　用人单位或者其所属单位出资或者合伙设立的劳务派遣单位，向本单位或者所属单位派遣劳动者的，属于劳动合同法第六十七条规定的不得设立的劳务派遣单位。

第二十九条　用工单位应当履行劳动合同法第六十二条规定的义务，维护被派遣劳动者的合法权益。

第三十条　劳务派遣单位不得以非全日制用工形式招用被派遣劳动者。

第三十一条　劳务派遣单位或者被派遣劳动者依法解除、终止劳动合同的经济补偿，依照劳动合同法第四十六条、第四十七条的规定执行。

第三十二条　劳务派遣单位违法解除或者终止被派遣劳动者的劳动合同的，依照劳动合同法第四十八条的规定执行。

第五章　法律责任

第三十三条　用人单位违反劳动合同法有关建立职工名册规定的，由劳动行政部门责令限期改正；逾期不改正的，由劳动行政部门处2000元以上2万元以下的罚款。

第三十四条　用人单位依照劳动合同法的规定应当向劳动者每月支付两倍的工资或者应当向劳动者支付赔偿金而未支付的，劳动行政部门应当责令用人单位支付。

第三十五条　用工单位违反劳动合同法和本条例有关劳务派遣规定的，由劳动行政部门和其他有关主管部门责令改正；情节严重的，以每位被派遣劳动者1000元以上5000元以下的标准处以罚款；给被派遣劳动者造成损害的，劳务派遣单位和用工单位承担连带赔偿责任。

第六章　附则

第三十六条　对违反劳动合同法和本条例的行为的投诉、举报，县级以上地方人民政府劳动行政部门依照《劳动保障监察条例》的规定处理。

第三十七条　劳动者与用人单位因订立、履行、变更、解除或者终止劳动合同发生争议的，依照《中华人民共和国劳动争议调解仲裁法》的规定处理。

第三十八条　本条例自公布之日起施行。

附录5　中华人民共和国劳动争议调解仲裁法

（2007年12月29日第十届全国人民代表大会常务委员会第三十一次会议通过）

第一章　总则

第一条　为了公正及时解决劳动争议，保护当事人合法权益，促进劳动关系和谐稳定，制定本法。

第二条　中华人民共和国境内的用人单位与劳动者发生的下列劳动争议，适用本法：

（一）因确认劳动关系发生的争议；

（二）因订立、履行、变更、解除和终止劳动合同发生的争议；

（三）因除名、辞退和辞职、离职发生的争议；

（四）因工作时间、休息休假、社会保险、福利、培训以及劳动保护发生的争议；

（五）因劳动报酬、工伤医疗费、经济补偿或者赔偿金等发生的争议；

（六）法律、法规规定的其他劳动争议。

第三条　解决劳动争议，应当根据事实，遵循合法、公正、及时、着重调解的原则，依法保护当事人的合法权益。

第四条　发生劳动争议，劳动者可以与用人单位协商，也可以请工会或者第三方共同与用人单位协商，达成和解协议。

第五条　发生劳动争议，当事人不愿协商、协商不成或者达成和解协议后不履行的，可以向调解组织申请调解；不愿调解、调解不成或者达成调解协议后不履行的，可以向劳动争议仲裁委员会申请仲裁；对仲裁裁决不服的，除本法另有规定的外，可以向人民法院提起诉讼。

第六条　发生劳动争议，当事人对自己提出的主张，有责任提供证据。与争议事项有关的证据属于用人单位掌握管理的，用人单位应当提供；用人单位不提供的，应当承担不利后果。

第七条　发生劳动争议的劳动者一方在十人以上，并有共同请求的，可以推举代表参加调解、仲裁或者诉讼活动。

第八条　县级以上人民政府劳动行政部门会同工会和企业方面代表建立协调劳动关系三方机制，共同研究解决劳动争议的重大问题。

第九条　用人单位违反国家规定，拖欠或者未足额支付劳动报酬，或者拖欠工伤医疗费、经济补偿或者赔偿金的，劳动者可以向劳动行政部门投诉，劳动行政部门应当依法处理。

第二章　调解

第十条　发生劳动争议，当事人可以到下列调解组织申请调解：

（一）企业劳动争议调解委员会；

（二）依法设立的基层人民调解组织；

（三）在乡镇、街道设立的具有劳动争议调解职能的组织。

企业劳动争议调解委员会由职工代表和企业代表组成。职工代表由工会成员担任或者由全体职工推举产生，企业代表由企业负责人指定。企业劳动争议调解委员会主任由工会成员或者双方推举的人员担任。

第十一条　劳动争议调解组织的调解员应当由公道正派、联系群众、热心调解工作，并具有一定法律知识、政策水平和文化水平的成年公民担任。

第十二条　当事人申请劳动争议调解可以书面申请，也可以口头申请。口头申请的，调解组织应当当场记录申请人基本情况、申请调解的争议事项、理由和时间。

第十三条　调解劳动争议，应当充分听取双方当事人对事实和理由的陈述，耐心疏导，帮助其达成协议。

第十四条　经调解达成协议的，应当制作调解协议书。

调解协议书由双方当事人签名或者盖章，经调解员签名并加盖调解组织印章后生效，对双方当事人具有约束力，当事人应当履行。

自劳动争议调解组织收到调解申请之日起十五日内未达成调解协议的，当事人可以依法申请仲裁。

第十五条　达成调解协议后，一方当事人在协议约定期限内不履行调解协议的，另一方当事人可以依法申请仲裁。

第十六条　因支付拖欠劳动报酬、工伤医疗费、经济补偿或者赔偿金事项达成调解协议，用人单位在协议约定期限内不履行的，劳动者可以持调解协议书依法向人民法院申请支付令。人民法院应当依法发出支付令。

第三章　仲裁

第一节　一般规定

第十七条　劳动争议仲裁委员会按照统筹规划、合理布局和适应实际需要的原则设立。省、自治区人民政府可以决定在市、县设立；直辖市人民政府可以决定在区、县设立。直辖市、设区的市也可以设立一个或者若干个劳动争议仲裁委员会。劳动争议仲裁委员会不按行政区划层层设立。

第十八条　国务院劳动行政部门依照本法有关规定制定仲裁规则。省、自治区、直辖市人民政府劳动行政部门对本行政区域的劳动争议仲裁工作进行指导。

第十九条　劳动争议仲裁委员会由劳动行政部门代表、工会代表和企业方面代表组成。劳动争议仲裁委员会组成人员应当是单数。

劳动争议仲裁委员会依法履行下列职责：

（一）聘任、解聘专职或者兼职仲裁员；

（二）受理劳动争议案件；

（三）讨论重大或者疑难的劳动争议案件；

（四）对仲裁活动进行监督。

劳动争议仲裁委员会下设办事机构，负责办理劳动争议仲裁委员会的日常工作。

第二十条　劳动争议仲裁委员会应当设仲裁员名册。

仲裁员应当公道正派并符合下列条件之一：

（一）曾任审判员的；

（二）从事法律研究、教学工作并具有中级以上职称的；

（三）具有法律知识、从事人力资源管理或者工会等专业工作满五年的；

（四）律师执业满三年的。

第二十一条　劳动争议仲裁委员会负责管辖本区域内发生的劳动争议。

劳动争议由劳动合同履行地或者用人单位所在地的劳动争议仲裁委员会管辖。双方当事人分别向劳动合同履行地和用人单位所在地的劳动争议仲裁委员会申请仲裁的，由劳动合同履行地的劳动争议仲裁委员会管辖。

第二十二条　发生劳动争议的劳动者和用人单位为劳动争议仲裁案件的双

方当事人。

劳务派遣单位或者用工单位与劳动者发生劳动争议的，劳务派遣单位和用工单位为共同当事人。

第二十三条　与劳动争议案件的处理结果有利害关系的第三人，可以申请参加仲裁活动或者由劳动争议仲裁委员会通知其参加仲裁活动。

第二十四条　当事人可以委托代理人参加仲裁活动。委托他人参加仲裁活动，应当向劳动争议仲裁委员会提交有委托人签名或者盖章的委托书，委托书应当载明委托事项和权限。

第二十五条　丧失或者部分丧失民事行为能力的劳动者，由其法定代理人代为参加仲裁活动；无法定代理人的，由劳动争议仲裁委员会为其指定代理人。劳动者死亡的，由其近亲属或者代理人参加仲裁活动。

第二十六条　劳动争议仲裁公开进行，但当事人协议不公开进行或者涉及国家秘密、商业秘密和个人隐私的除外。

第二节　申请和受理

第二十七条　劳动争议申请仲裁的时效期间为一年。仲裁时效期间从当事人知道或者应当知道其权利被侵害之日起计算。

前款规定的仲裁时效，因当事人一方向对方当事人主张权利，或者向有关部门请求权利救济，或者对方当事人同意履行义务而中断。从中断时起，仲裁时效期间重新计算。

因不可抗力或者有其他正当理由，当事人不能在本条第一款规定的仲裁时效期间申请仲裁的，仲裁时效中止。从中止时效的原因消除之日起，仲裁时效期间继续计算。

劳动关系存续期间因拖欠劳动报酬发生争议的，劳动者申请仲裁不受本条第一款规定的仲裁时效期间的限制；但是，劳动关系终止的，应当自劳动关系终止之日起一年内提出。

第二十八条　申请人申请仲裁应当提交书面仲裁申请，并按照被申请人人数提交副本。

仲裁申请书应当载明下列事项：

（一）劳动者的姓名、性别、年龄、职业、工作单位和住所，用人单位的名称、住所和法定代表人或者主要负责人的姓名、职务；

（二）仲裁请求和所根据的事实、理由；

（三）证据和证据来源、证人姓名和住所。

书写仲裁申请确有困难的，可以口头申请，由劳动争议仲裁委员会记入笔录，并告知对方当事人。

第二十九条　劳动争议仲裁委员会收到仲裁申请之日起五日内，认为符合受理条件的，应当受理，并通知申请人；认为不符合受理条件的，应当书面通知申请人不予受理，并说明理由。对劳动争议仲裁委员会不予受理或者逾期未作出决定的，申请人可以就该劳动争议事项向人民法院提起诉讼。

第三十条　劳动争议仲裁委员会受理仲裁申请后，应当在五日内将仲裁申请书副本送达被申请人。

被申请人收到仲裁申请书副本后，应当在十日内向劳动争议仲裁委员会提交答辩书。劳动争议仲裁委员会收到答辩书后，应当在五日内将答辩书副本送达申请人。被申请人未提交答辩书的，不影响仲裁程序的进行。

第三节　开庭和裁决

第三十一条　劳动争议仲裁委员会裁决劳动争议案件实行仲裁庭制。仲裁庭由三名仲裁员组成，设首席仲裁员。简单劳动争议案件可以由一名仲裁员独任仲裁。

第三十二条　劳动争议仲裁委员会应当在受理仲裁申请之日起五日内将仲裁庭的组成情况书面通知当事人。

第三十三条　仲裁员有下列情形之一，应当回避，当事人也有权以口头或者书面方式提出回避申请：

（一）是本案当事人或者当事人、代理人的近亲属的；

（二）与本案有利害关系的；

（三）与本案当事人、代理人有其他关系，可能影响公正裁决的；

（四）私自会见当事人、代理人，或者接受当事人、代理人的请客送礼的。

劳动争议仲裁委员会对回避申请应当及时作出决定，并以口头或者书面方式通知当事人。

第三十四条　仲裁员有本法第三十三条第四项规定情形，或者有索贿受贿、徇私舞弊、枉法裁决行为的，应当依法承担法律责任。劳动争议仲裁委员会应当将其解聘。

第三十五条　仲裁庭应当在开庭五日前，将开庭日期、地点书面通知双方当事人。当事人有正当理由的，可以在开庭三日前请求延期开庭。是否延期，由劳动争议仲裁委员会决定。

第三十六条　申请人收到书面通知，无正当理由拒不到庭或者未经仲裁庭同意中途退庭的，可以视为撤回仲裁申请。

被申请人收到书面通知，无正当理由拒不到庭或者未经仲裁庭同意中途退庭的，可以缺席裁决。

第三十七条　仲裁庭对专门性问题认为需要鉴定的，可以交由当事人约定的鉴定机构鉴定；当事人没有约定或者无法达成约定的，由仲裁庭指定的鉴定机构鉴定。

根据当事人的请求或者仲裁庭的要求，鉴定机构应当派鉴定人参加开庭。当事人经仲裁庭许可，可以向鉴定人提问。

第三十八条　当事人在仲裁过程中有权进行质证和辩论。质证和辩论终结时，首席仲裁员或者独任仲裁员应当征询当事人的最后意见。

第三十九条　当事人提供的证据经查证属实的，仲裁庭应当将其作为认定事实的根据。

劳动者无法提供由用人单位掌握管理的与仲裁请求有关的证据，仲裁庭可以要求用人单位在指定期限内提供。用人单位在指定期限内不提供的，应当承担不利后果。

第四十条　仲裁庭应当将开庭情况记入笔录。当事人和其他仲裁参加人认为对自己陈述的记录有遗漏或者差错的，有权申请补正。如果不予补正，应当记录该申请。

笔录由仲裁员、记录人员、当事人和其他仲裁参加人签名或者盖章。

第四十一条　当事人申请劳动争议仲裁后，可以自行和解。达成和解协议的，可以撤回仲裁申请。

第四十二条　仲裁庭在作出裁决前，应当先行调解。

调解达成协议的，仲裁庭应当制作调解书。

调解书应当写明仲裁请求和当事人协议的结果。调解书由仲裁员签名，加盖劳动争议仲裁委员会印章，送达双方当事人。调解书经双方当事人签收后，发生法律效力。

调解不成或者调解书送达前，一方当事人反悔的，仲裁庭应当及时作出裁决。

第四十三条　仲裁庭裁决劳动争议案件，应当自劳动争议仲裁委员会受理仲裁申请之日起四十五日内结束。案情复杂需要延期的，经劳动争议仲裁委员会主任批准，可以延期并书面通知当事人，但是延长期限不得超过十五日。逾期未作出仲裁裁决的，当事人可以就该劳动争议事项向人民法院提起诉讼。

仲裁庭裁决劳动争议案件时，其中一部分事实已经清楚，可以就该部分先行裁决。

第四十四条　仲裁庭对追索劳动报酬、工伤医疗费、经济补偿或者赔偿金的案件，根据当事人的申请，可以裁决先予执行，移送人民法院执行。

仲裁庭裁决先予执行的，应当符合下列条件：

（一）当事人之间权利义务关系明确；

（二）不先予执行将严重影响申请人的生活。

劳动者申请先予执行的，可以不提供担保。

第四十五条　裁决应当按照多数仲裁员的意见作出，少数仲裁员的不同意见应当记入笔录。仲裁庭不能形成多数意见时，裁决应当按照首席仲裁员的意见作出。

第四十六条　裁决书应当载明仲裁请求、争议事实、裁决理由、裁决结果和裁决日期。裁决书由仲裁员签名，加盖劳动争议仲裁委员会印章。对裁决持不同意见的仲裁员，可以签名，也可以不签名。

第四十七条　下列劳动争议，除本法另有规定的外，仲裁裁决为终局裁决，裁决书自作出之日起发生法律效力：

（一）追索劳动报酬、工伤医疗费、经济补偿或者赔偿金，不超过当地月最低工资标准十二个月金额的争议；

（二）因执行国家的劳动标准在工作时间、休息休假、社会保险等方面发生的争议。

第四十八条　劳动者对本法第四十七条规定的仲裁裁决不服的，可以自收到仲裁裁决书之日起十五日内向人民法院提起诉讼。

第四十九条　用人单位有证据证明本法第四十七条规定的仲裁裁决有下列情形之一，可以自收到仲裁裁决书之日起三十日内向劳动争议仲裁委员会所在地的中级人民法院申请撤销裁决：

（一）适用法律、法规确有错误的；

（二）劳动争议仲裁委员会无管辖权的；

（三）违反法定程序的；

（四）裁决所根据的证据是伪造的；

（五）对方当事人隐瞒了足以影响公正裁决的证据的；

（六）仲裁员在仲裁该案时有索贿受贿、徇私舞弊、枉法裁决行为的。

人民法院经组成合议庭审查核实裁决有前款规定情形之一的，应当裁定撤销。

仲裁裁决被人民法院裁定撤销的，当事人可以自收到裁定书之日起十五日内就该劳动争议事项向人民法院提起诉讼。

第五十条　当事人对本法第四十七条规定以外的其他劳动争议案件的仲裁裁决不服的，可以自收到仲裁裁决书之日起十五日内向人民法院提起诉讼；期满不起诉的，裁决书发生法律效力。

第五十一条　当事人对发生法律效力的调解书、裁决书，应当依照规定的期限履行。一方当事人逾期不履行的，另一方当事人可以依照民事诉讼法的有关规定向人民法院申请执行。受理申请的人民法院应当依法执行。

第四章　附则

第五十二条　事业单位实行聘用制的工作人员与本单位发生劳动争议的，依照本法执行；法律、行政法规或者国务院另有规定的，依照其规定。

第五十三条　劳动争议仲裁不收费。劳动争议仲裁委员会的经费由财政予以保障。

第五十四条　本法自 2008 年 5 月 1 日起施行。

资料来源及参考网站

中华人民共和国中央人民政府 http：//www. gov. cn

中华人民共和国人力资源和社会保障部 http：//www. mohrss. gov. cn

中国就业网 http：//chinajob. mohrss. gov. cn

中国职业技术教育网 http：//www. chinazy. org

中国中等专业学校学生信息网 http：//www. chsvs. com. cn

中华全国妇女联合会 http：//www. women. org. cn

重庆市人力资源和社会保障局 http：//rlsbj. cq. gov. cn

重庆市教育委员会 http：//jw. cq. gov. cn

教育部全国青少年普法网 https：//www. qspfw. moe. gov. cn

结束语

亲爱的同学们，以上是成长实习手册的全部内容，希望在你认真阅读之后，能为你带来一些实质性的帮助。

当你在工作和生活中遇到困难的时候，一定要勇敢去面对，为自己争取，积极寻求解决办法，老师、社工、亲人、同学、工友及工厂负责人都是你解决问题的好帮手。当出现问题时，一定不要急躁，不要冲动，冷静下来，及时寻求帮助，进行有效处理。

外出实习不是你一个人的事情，是学校，是工厂，也是家人的事情，处于青春期的你们也许不喜欢和家人联系，觉得家人唠叨，但我们还是要记得常和家人沟通，保持联系，不要让家里人担心你。同时实习可能会比较辛苦，大家一定要注意休息，在假期外出游玩时，注意财产和人身安全。拿到工资一定要注意妥善保管和合理使用，这是你的劳动成果，一定要珍惜。

祝愿所有同学实习愉快，学习快乐。